KB134890

Intelligent
VEGAS PRO 16

누구나 **따라하며** 쉽게 배우는 영상 **편집**

베가스 프로 16

VEGAS PRO 16

상세한
설명과
예제수록

임새롬 지음

영상 편집의 기초를 다질 수 있도록 상세한 설명과 예제 수록

★ 초보자가 쉽게 배울 수 있도록 따라 하기 방식의 예제로 구성

★ 간단한 기초 영상 편집부터 화려한 테크닉까지 한번에 정복

★ 영상 편집의 기초를 다질 수 있도록 다양한 예제 수록

★ 책에 수록된 실습 파일은 인투북스 출판사 홈페이지 (www.intobooks.co.kr)에서 다운로드 할 수 있습니다.

optimized
important
WORK FAST.
EXTENSIVE
creativity
TICKET
Professional

인투북스
inTo Books

실습 파일 다운로드 및 사용법

이 책에 사용되는 실습 파일은 **인투북스 홈페이지 [자료실]**에서 다운받을 수 있습니다.

인투북스 홈페이지: www.intobooks.co.kr

실습 파일은 **윈도우의 바탕 화면에 압축을 해제**해야 하며, [바탕 화면] – [VEGAS Pro 16] 폴더는 아래와 같이 구성되어 있습니다.

폴 더 명	설　　　　　명
Lesson03 ~ Lesson40	각각 레슨별로 예제 실습에 필요한 동영상, 사진, 오디오 파일
Project	예제를 통해 만들어진 프로젝트 파일(*.veg)
완성영상	프로젝트를 렌더링해서 만든 최종 영상 파일

[Project] 폴더의 프로젝트 파일을 불러올 때는 베가스에서 [File] – [Open]을 이용하거나, 내 컴퓨터나 파일 탐색기 등에서 원하는 프로젝트를 더블 클릭합니다.

프로젝트 파일 불러오는 방법–1

프로젝트 파일 불러오는 방법–2

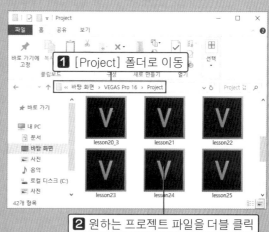

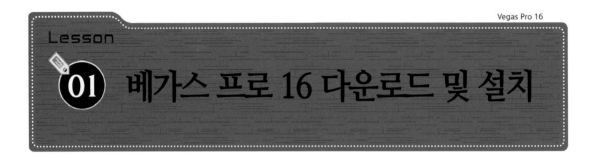

Vegas Pro 16

Lesson 01 베가스 프로 16 다운로드 및 설치

2016년부터 독일 MAGIX사에서 출시하고 있는 베가스 프로는 세련된 디자인과 함께 사용자가 쉽고 편리하게 영상을 만들 수 있는 환경을 제공하고 있습니다.

특히, 이번에 출시된 베가스 프로 16은 [Motion Tracking], [Video Stabilization] 등의 기능이 추가되며 그동안 사용자들이 불편하게 느꼈던 기능들이 훨씬 업그레이드되어 출시된 것을 확인할 수 있습니다. 작업환경 또한 점점 세련되고 효율적인 모습으로 변화되어 창의적이고 효율적인 영상 편집이 가능하도록 지원하고 있습니다.

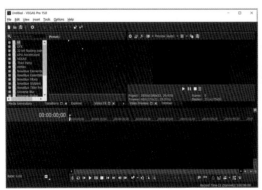

[VEGAS Pro 15]

[VEGAS Pro 16]

❶ 베가스 프로 16 설치를 위한 시스템 사양

- **운영체제**: Microsoft❑ Windows 7(64−bit), Windows 8(64−bit), Windows 10(64−bit)

- **프로세서**: 2.5 GHz 4−core processor (4K 작업 시 3Ghz and 8 cores 권장)

- **RAM**: 최소 8GB RAM(16GB 권장, 4K 작업 시 32GB 권장)

- **HDD**: 프로그램 설치를 위한 1.5GB 하드디스크 공간, 4K 작업 시 Solid−State disk(SSD) 또는 high−speed multi−disk RAID

- **그래픽카드**: Supported NVIDIA®: For hardware rendering (NVEnc), GeForce 9XX series or higher with 4 GB; AMD/ATI□: Radeon with 4 GB and VCE 3.0 or higher (Radeon Pro series with 8 GB for HDR and 32 bit projects) or Intel□: GPU HD Graphics 530 series or higher
- **그 외**: Microsoft .NET Framework 4.0 SP1 (included on application disc)
- **인터넷 연결**: 프로그램 등록(1회) 및 검증을 위해 필요

❷ 트라이얼 버전 다운로드 및 설치하기

베가스 프로 16의 트라이얼 버전은 MAGIX의 공식 홈페이지(http://www.magix.com)에서 무료로 다운받아 사용할 수 있습니다.

⚡INFO 　트라이얼 버전 사용 시 유의 사항

- 트라이얼 버전은 설치 후, 30일까지 무료로 사용할 수 있는 버전으로 30일이 지나면 더 이상 사용할 수 없습니다.
- 베가스 프로 16 트라이얼 버전은 최장 2분까지만 렌더링이 가능하도록 제한하고 있습니다.

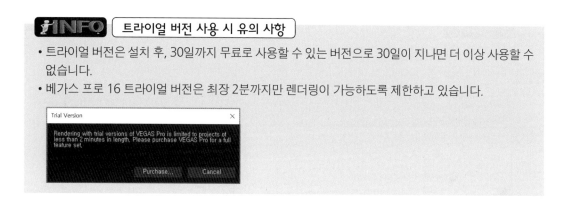

■ 베가스 프로 16 설치하기

① 인터넷 주소 창에 www.magix.com을 입력해서 MAGIX 공식 홈페이지에 접속한 후 [Video] – [VEGAS Pro]를 클릭합니다.

② [VEGAS Pro] 버전을 선택하고 [Free trial]을 클릭한 뒤 [START DOWNLOAD]를 클릭합니다.

ℹNFO 버전 선택

VEGAS Pro Edit / VEGAS Pro / VEGAS Pro 365 / VEGAS Pro Suite 에서 하나의 버전을 선택할 수 있는데
사용할 수 있는 플러그인(화면 효과)의 종류에 따라 구분됩니다.

플러그인(Plug-ins)	VEGAS Pro Edit	VEGAS Pro	VEGAS Pro 365	VEGAS Pro Suite
FXhome HitFilm Ignite Pro	X	X	X	O
proDAD VitaScene V3 PRO	X	X	X	O
Boris FX Sapphire Lighting Unit	X	X	X	O
Tiny Planet OFX	O	O	O	O
Bézier masking OFX	O	O	O	O
AutoLooks OFX	O	O	O	O
MAGIX eFX audio plug-ins	O	O	O	O
Boris FX Continuum Lights Unit	X	O	O	X
proDAD VitaScene V3 LE	X	O	O	X
FXhome HitFilm Ignite 360 Toolkit	X	X	O	X

VEGAS Pro 365는 VEGAS Pro와 포함되어 있는 기능은 동일하나 새로운 버전이 나올 경우에 자동 업데이
트가 된다는 차이가 있습니다. 또한 유일하게 연간 최대 2회의 온라인 교육 트레이닝을 받을 수 있습니다.

ℹNFO 구매 옵션 선택(Select a purchase option)

• **New Purchase** : VEGAS Pro 16 정품을 구매합니다.
• **Upgrade** : VEGAS Pro 16 이전 버전을 정품으로 구매해서 사용 중인 경우 할인된 가격으로 16 버전으로
업그레이드하여 사용할 수 있습니다.
• **Free trial** : 트라이얼 버전으로 30일 동안 무료 사용이 가능합니다.

③ [로봇이 아닙니다.] 앞의 빨간 박스를 클릭합니다. 질문에 답변을 한 뒤 확인을 누릅니다. 체크 표시가 생기면 [Start download] 버튼을 눌러 다운로드 합니다.

④ 다운로드 완료된 파일을 실행합니다. 언어 선택 창에서 [English(US)]를 선택하면 설치가 진행됩니다. [Select files]에서 [VEGAS Pro 16]은 반드시 설치해야 하는 항목입니다. 이외의 파일들은 필요시 체크하고 [Continue]를 클릭합니다.

⑤ 언어를 [영어]로 선택한 후 [Next]를 클릭합니다. 그 다음 라이선스에 동의함을 선택하고 [Next]를 클릭합니다.

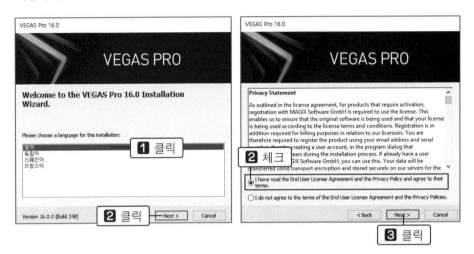

⑥ 바탕 화면에 베가스 프로16 아이콘을 생성하여 사용하기 위해 [Create a shortcut on the desktop]에 체크한 후, [Install]을 눌러 설치합니다. 설치가 끝나면 [Finish] 버튼을 눌러 설치를 완료합니다.

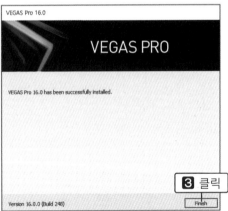

⑦ 바탕 화면의 [VEGAS Pro 16.0] 아이콘을 더블 클릭하여 실행합니다.

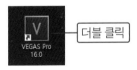

⑧ [Start trial version]을 클릭하고 이어서 [Register now]를 클릭합니다.

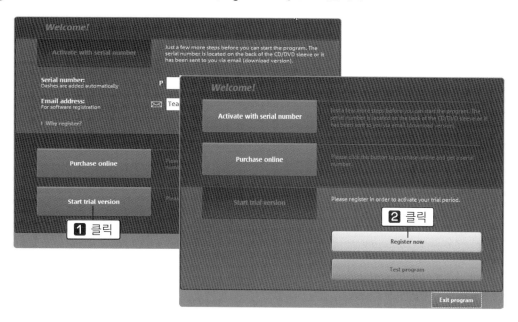

⑨ 신규 회원 가입을 위해 [I do not have a login and would like to register]를 선택하고 [Proceed]를 클릭합니다.

이미 MAGIX ID를 가지고 있는 경우 [I already have a MAGIX login]을 선택하고 이메일 주소와 패스워드를 넣은 후 [Proceed] 버튼을 클릭합니다.

⑩ 회원 가입을 위한 개인 정보를 입력한 뒤 [Complete the registration]을 클릭합니다.

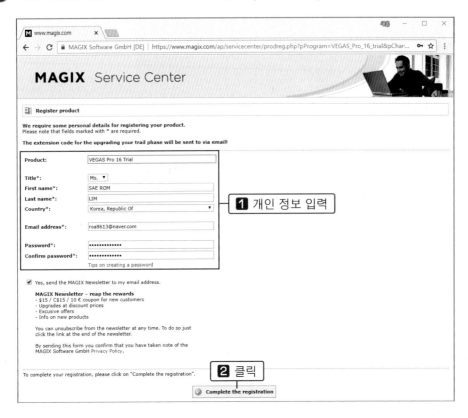

🏃INFO **회원 가입 시 유의 사항**

• 패스워드는 특수문자를 포함하여 입력합니다.
• Email은 실제 사용하고 있는 주소를 입력합니다.

⑪ 등록이 완료되면 가입 시 입력한 Email로 들어가 MAGIX에서 온 메일 중에 [Your product registration at www.magix.com] 제목의 메일을 확인합니다.

⑫ 메일 내용 중 [Activation code]의 [TRIALC-] 이후의 숫자를 마우스로 드래그 한 뒤 Ctrl+C를 눌러 복사합니다.

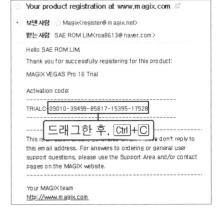

⑬ 베가스 창의 [TRIALC-] 뒤의 입력 칸에 메일에서 복사한 [Activation code]를 붙여넣기([Ctrl]+[V])하고 [Register now] 버튼을 클릭합니다.

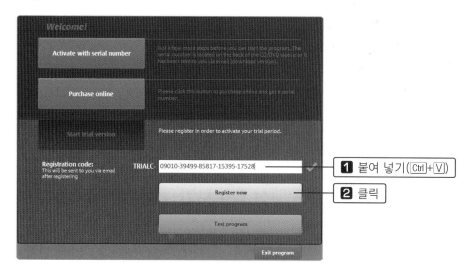

⑭ [OK] 버튼을 클릭한 후 [Test program]을 클릭하면 베가스 트라이얼 버전 설치가 완료됩니다.

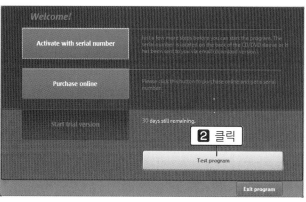

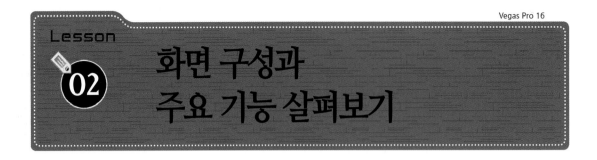

 Lesson 02

화면 구성과 주요 기능 살펴보기

Vegas Pro 16

❶ 베가스 프로 16의 화면 구성 알아보기

베가스 프로 16은 세련되면서 모던한 디자인 곳곳에 새로운 기능들을 추가해서 편리하고 효율적인 편집이 가능하도록 화면을 구성했습니다. 화면을 구성하고 있는 각 메뉴들의 이름과 기능에 대해 살펴보겠습니다.

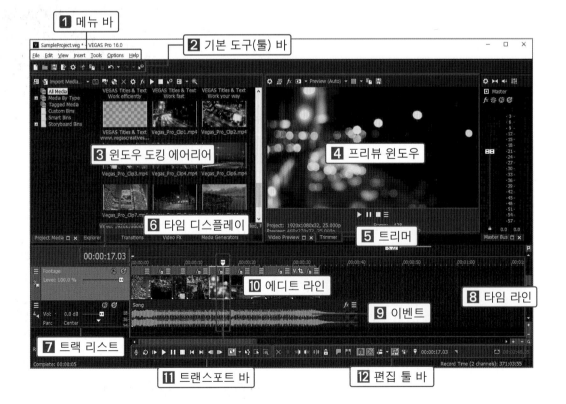

1 메뉴 바 : 파일, 편집, 보기 등 기본적인 옵션 설정에 필요한 메뉴입니다.

2 기본 툴 바 : 새 프로젝트, 저장, 열기, 렌더링 등의 기능을 아이콘 형태로 구성하여 빠르게 선택할 수 있도록 합니다.

3 윈도우 도킹 에어리어(Window Docking Area) : Project Media, Explorer, Transitions, Video FX , Media Generators의 기능들이 표시됩니다. 각 기능은 탭으로 구분되어 있습니다.

4 비디오 프리뷰 윈도우(Video Preview Window) : 영상 편집의 결과를 미리 볼 수 있는 창입니다.

5 트리머(Trimmer) : 불러온 파일에서 원하는 구간을 잘라 삽입할 수 있도록 하는 편집 창입니다.

6 타임 디스플레이(Time Display) : 타임 라인의 에디트 라인이 있는 시간을 표시합니다.

7 트랙 리스트(Track List) : Track Motion, Compositing Mode 등과 같이 미디어 파일 트랙을 제어할 수 있는 기능들이 포함되어 있습니다. 15 버전부터 왼쪽 상단 More(▤) 버튼을 눌러 원하는 기능을 선택하도록 변경됐습니다.

8 타임 라인(Time Line) : 미디어 파일을 배치하고 편집하는 곳입니다.

9 이벤트(Event) : 타임 라인 위에 올려놓은 미디어 파일을 말합니다. 영상, 오디오, 자막 이벤트 등으로 구분됩니다.

10 에디트 라인(Edit Line) : 편집되는 위치를 표시해 주는 라인입니다.

11 트랜스포트 바(Transport Bar) : 편집하고 있는 미디어의 재생을 제어하는 곳입니다.

12 편집 툴 바 : 편집을 위해 필요한 기능들을 아이콘 형태로 모아 둔 곳입니다.

ℹINFO 　사용자 인터페이스 조정

[Options] - [Preferences]의 [Display] 탭을 선택하면, 작업 화면의 배경 음영이나 아이콘의 색 강도 등을 조정할 수 있습니다.

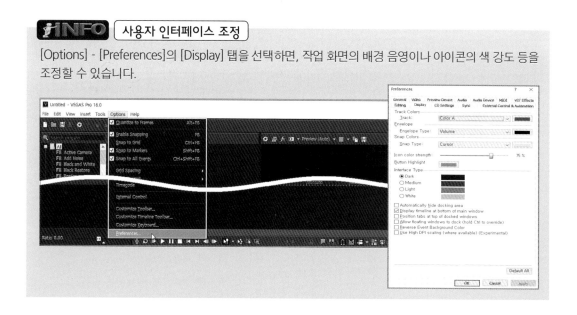

②. 툴(Tool)의 명칭과 기능

베가스 프로 16에서는 퀄리티 있는 영상 편집을 위해 다양한 툴을 제공하고 있습니다. 툴의 명칭과 기능을 익히면서 자주 사용하는 기능의 단축키도 함께 외워 두면 좀 더 편리한 영상 편집이 가능합니다.

■ 기본 툴

툴	이　름	단축키	기　능
	새 프로젝트(New Empty Project)	Ctrl + Shift + N	새 프로젝트 생성
	파일 열기(Open)	Ctrl + O	미디어 파일 또는 프로젝트 열기
	파일 저장(Save)	Ctrl + S	프로젝트 저장
	렌더링(Render As)		프로젝트를 동영상 파일로 변환
	속성 설정(Properties)	Alt + Enter↵	비디오, 오디오 등의 속성 설정
	잘라 내기(Cut)	Ctrl + X	선택한 이벤트 또는 효과 잘라 내기
	복사하기(Copy)	Ctrl + C	선택한 이벤트 또는 효과 복사
	붙여넣기(Paste)	Ctrl + V	잘라 내거나 복사한 이벤트 또는 효과 붙여넣기
	되돌리기(Undo)	Ctrl + Z	실행한 작업의 전 단계로 되돌리기
	재실행하기(Redo)	Ctrl + Y 또는 Ctrl + Shift + Z	되돌린 작업의 다음 단계를 다시 실행
	튜토리얼(Interactive Tutorials)		베가스 프로 16 사용 설명서
	도움말(What's this Help)	Shift + F1	궁금한 곳을 클릭하면 관련 설명 표시

■ 편집 툴

툴	이　름	단축키	기　능
	일반 편집(Normal Edit Tool)	Ctrl + D	기본적인 편집 툴입니다.
	인벨롭 편집(Envelope Edit Tool)	D	인벨롭 값 편집 툴입니다.
	선택 편집 (Selection Edit Tool)	D	타임 라인에 있는 이벤트를 한 번에 여러 개 선택할 때 사용합니다.
	확대 편집(Zoom Edit Tool)	D	타임 라인에서 선택한 영역을 확대할 때 사용합니다.
	삭제(Delete)	Delete	선택한 이벤트 삭제합니다.
	잘라 내기(Trim)	Ctrl + T	선택한 영역을 제외한 부분 삭제합니다.
	잘라 내기 시작(Trim Start)	Alt + [	에디트 라인을 중심으로 앞부분을 삭제합니다.
	잘라 내기 끝(Trim End)	Alt +]	에디트 라인을 중심으로 뒷부분을 삭제합니다.

	분리하기(Split)	S	에디트 라인을 기준으로 이벤트를 분리시킵니다.
	이벤트 잠그기(Lock Event)		선택한 이벤트의 이동, 편집이 불가하도록 잠그는 툴입니다.
	마커 삽입하기(Insert Marker)	M	위치 표시를 위한 마커를 삽입합니다.
	영역 삽입하기(Insert Region)	R	선택한 구간의 처음과 끝 부분에 위치를 표시하는 마커를 삽입합니다.
	달라붙기(Enable Snapping)	F8	이벤트 간에 끝과 시작점이 정확하게 달라붙도록 합니다.
	자동 크로스페이드 (Automatic Crossfades)	Ctrl+Shift+X	이벤트가 겹쳐졌을 때 자동으로 크로스페이드가 적용되도록 합니다.
	자동 간격 조절(Auto Ripple)	Ctrl+L	이벤트 이동 및 삭제 시 자동으로 간격을 유지하는 툴입니다.
	이벤트 묶기 (Lock Envelopes to Events)		이벤트에 적용되어 있는 인벨롭 효과를 고정하는 툴입니다.
	이벤트 그룹 분리하기 (Ignore Event Grouping)	Ctrl+Shift+U	그룹으로 묶여 있는 이벤트 분리하는 툴입니다.
	커서 포지션 (Cursor Position)	Ctrl+G	에디트 라인의 위치를 직접 입력할 수 있는 툴입니다. 단축키를 누르거나 타임 부분을 더블 클릭하여 설정합니다.

❓INFO 　툴 버튼의 활성화/비활성화

베가스의 툴 버튼들은 하늘색 바탕으로 표시되면 활성화된 상태입니다.

• 활성화된 예 : 　　　　　　　　　　　• 비활성화된 예 :

❓INFO 　단축키 D

단축키 D로 4가지 편집 툴의 선택이 가능한데,
[일반 편집 툴] - [인벨롭 편집 툴] - [선택 편집 툴] - [확대 편집 툴]의 순서로 선택됩니다.

■ Normal Edit Tool의 서브 툴

Normal Edit Tool( ) 옆 화살표를 클릭하면 숨겨져 있던 서브 툴이 보입니다. 기본 Normal Edit Tool만 사용하는 것보다 아래의 서브 툴을 활용하면 쉽고 편리한 편집이 가능합니다.

• Normal Edit Tool : 기본 편집 툴입니다.
• Shuffle Tool : 선택한 이벤트 툴의 위치를 바꿔 주는 편집 툴입니다.

- **Slip Tool** : 이벤트의 길이는 고정된 상태에서 선택한 이벤트의 시작과 끝을 변경할 수 있는 툴입니다. 이벤트 위에 마우스를 올리고 좌우로 드래그하여 조정하는데, 미리 보기 왼쪽에 나타나는 영상은 시작 부분, 오른쪽에 나타나는 영상은 끝 부분을 보여 줍니다.

- **Slide Tool** : Slip Tool과 비슷하지만 이벤트가 이동한다는 차이점이 있습니다. 마우스를 이용해 좌우로 드래그하여 조정하며, 이벤트 길이의 변동 없이 이벤트를 이동시켜 시작과 끝을 변경합니다.

- **Time Stretch/Compress Tool** : 이벤트의 끝에 마우스를 놓고 드래그하여 속도를 조절할 수 있는 툴입니다. 이벤트를 줄이면 빠르게, 이벤트를 늘이면 느리게 재생됩니다. Normal Edit Tool이 선택된 상태에서 [Ctrl] 키를 누른 상태로 드래그해서 조정하기도 합니다.

- **Split Trim Tool** : 이벤트 위를 클릭하면 그 부분이 잘리는 자르기 툴입니다.

❸ 윈도우 도킹 영역 명칭과 기능

윈도우 도킹 영역의 하단에는 다섯 개의 탭 메뉴가 있습니다.

■ 프로젝트 미디어(Project Media)

프로젝트에서 사용할 미디어 파일을 보여주는 메뉴입니다.

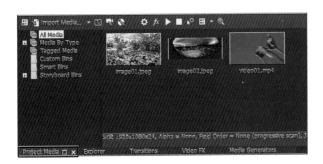

■ 익스플로러(Explorer)

컴퓨터에 있는 미디어 파일을 탐색하고, 프로젝트에 파일을 추가할 수 있습니다.

익스플로러 툴(Explorer Tool)

윈도우 도킹 영역의 탭 메뉴 중 익스플로러(Explorer) 선택 시 사용할 수 있는 툴입니다.

툴	이 름	기 능
	상위 폴더(Move Up One Level)	한 단계 위의 폴더로 이동합니다.
	새로 고침(Refresh View)	폴더 내 파일 변경이 있었을 때 새로 고침을 하면 변경된 내용으로 나타납니다.
	삭제(Delete)	선택한 파일을 삭제합니다. 삭제 시 실제 폴더에 있는 파일도 삭제됩니다.
	즐겨찾기(Add to Favorites)	선택한 폴더를 베가스의 Favorites(즐겨찾기) 폴더에 추가합니다.
	미리 보기 재생(Play Preview)	선택한 파일을 미리 보기로 재생합니다.
	미리 보기 멈춤(Stop Preview)	미리 보기 재생을 정지합니다.
	오토 프리뷰 (Turn On/Off Auto Preview Play)	클릭된 상태(On)에서 파일을 선택하면 자동으로 미리 보기가 재생됩니다.
	웹에서 미디어 파일 가져오기 (Get Media from Web)	미디어 파일을 가져올 수 있도록 MAGIX 홈페이지로 연결됩니다.
	보기(View)	파일 보기 형식을 선택합니다.

■ 트랜지션스(Transitions)

장면이 전환될 때 사용하는 효과들을 모아 둔 곳입니다. 이벤트가 겹쳐진 구간에 삽입합니다.

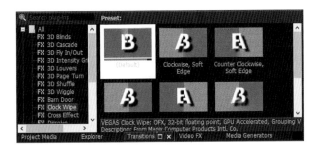

■ 비디오 FX(Video FX)

영상 이벤트에 넣을 수 있는 다양한 효과들을 모아 둔 곳입니다.

■ 미디어 제너레이터스(Media Generators)

프로젝트에 배경, 자막, 자막 효과 등을 넣을 때 사용되는 곳입니다.

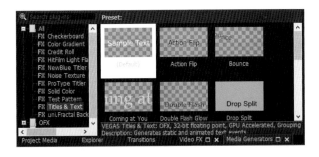

❹ 비디오 프리뷰 윈도우(Video Preview Window) 명칭과 기능

비디오 프리뷰 윈도우는 타임 라인의 에디트 라인이 위치한 곳의 이벤트를 보여줍니다.

— 비디오 프리뷰 윈도우 툴

— 트랜스포트 툴 바

— 프리뷰 정보

■ 비디오 프리뷰 윈도우 툴

툴	이　름	기　능
⚙	프로젝트 비디오 설정	프로젝트의 영상 환경을 설정합니다.
▣	외부 모니터 미리 보기	미리 보기를 전체 화면으로 보여 줍니다.
ƒx	비디오 출력 이펙트	프로젝트 모든 영상에 선택한 Video FX 효과가 적용됩니다.
▣	분할 화면 보기	모든 효과를 제외한 영상을 분할 화면으로 보여줘서 효과 적용 전후를 비교할 수 있습니다.
Preview (Auto)	미리 보기 화질	미리 보기 화면의 화질을 선택합니다.
▦	오버레이즈	미리 보기 화면에 기준선을 표시합니다.
▤	스냅샷 복사하기	스냅샷을 클립보드에 복사합니다.
▤	스냅샷 복사하기	스냅샷을 클립보드에 복사합니다.
🎚	360도 모드	미리 보기 창에서 360도 관점으로 화면을 보며 조정할 수 있습니다.

360도 모드(360 Mode)는 기본적으로 비활성화 되어 있는 툴입니다. 이 툴을 사용하기 위해서는 미리 보기의 프로젝트 설정(⚙) 툴을 선택 – [Project Properties] 창의 [Video] 탭에서 [360 Output]을 체크해 줍니다.

360도 모드를 선택하면 미리 보기 화면에서 360도 모드(🌐)를 클릭한 후, 마우스로 360도 관점으로 화면 조정이 가능합니다.

트랜스포트 툴 바 More Buttons

트랜스포트 툴 바의 가장 오른쪽 More Buttons(☰)를 클릭하면 숨겨진 기능을 선택할 수 있습니다. 이 중 항상 나타나게 하고 싶은 기능은 [Edit Visible Button Set]를 클릭하여 설정할 수 있습니다.

❺ 트랙 리스트(Track List) 명칭과 기능

트랙 리스트에 기능은 More(目) 버튼을 눌러 선택합니다.

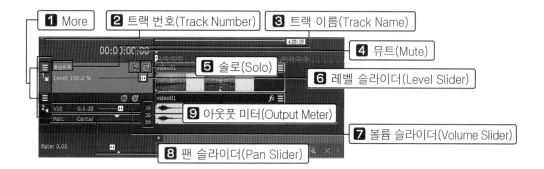

1 More : 트랙 리스트 안에 숨겨진 기능을 활성화하는 버튼입니다.

2 트랙 번호(Track Number) : 트랙이 생성될 때마다 순차적으로 트랙 번호가 생성됩니다.

3 트랙 이름(Track Name) : 원하는 트랙을 선택한 후 F2를 눌러 트랙의 이름을 지을 수 있습니다. 트랙이 많아져서 구분하기 힘들 때 유용합니다.

4 뮤트(Mute) : 영상 트랙일 경우 영상이 보이지 않고 오디오 트랙일 경우 음 소거가 됩니다.

5 솔로(Solo) : 뮤트(Mute)와 반대되는 기능으로 전체 트랙 중 선택한 트랙만 보이게 됩니다.

6 레벨 슬라이더(Level Slider) : 해당 영상 트랙 전체의 불투명도를 조절합니다.

7 볼륨 슬라이더(Volume Slider) : 해당 오디오 트랙 전체의 볼륨을 조절합니다.

8 팬 슬라이더(Pan Slider) : 오디오 트랙의 좌우 볼륨 비율을 조절합니다.

9 아웃풋 미터(Output Meter) : 재생되는 동안 오디오 출력을 표시합니다. 한계 출력을 넘게 되면 빨간색으로 표시됩니다.

---

*i*NFO   트랙의 More 버튼 기능

트랙 왼쪽 상단 More(目) 버튼을 누르면 트랙에 숨겨진 기능을 볼 수 있습니다. [Edit Visible Button Set…]를 눌러 트랙에 항상 나타내고 싶은 메뉴를 선택하면, 체크한 기능이 트랙에 보이게 됩니다.

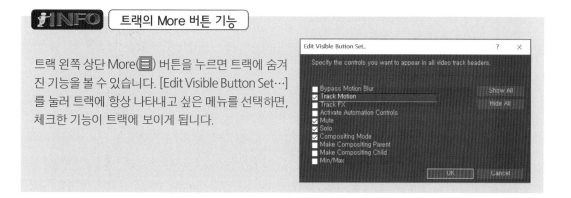

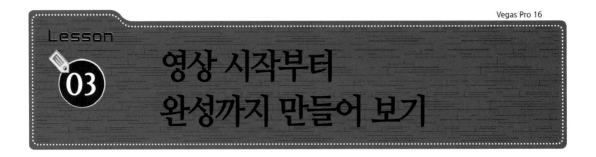

베가스를 활용해 영상을 만드는 과정은 다음과 같은 순서로 진행됩니다.

❶ 프로젝트 생성 ❷ 미디어 파일 불러오기 ❸ 편집 ❹ 프로젝트 저장 ❺ 렌더링

간단한 영상을 처음부터 완성까지 만들면서 각각의 단계에 대해 살펴보겠습니다.

① 프로젝트 생성

영상을 만드는 작업의 가장 처음 단계는 프로젝트를 설정하고 생성하는 단계입니다.
베가스를 실행한 후, 메뉴의 [File] - [New]를 선택합니다.

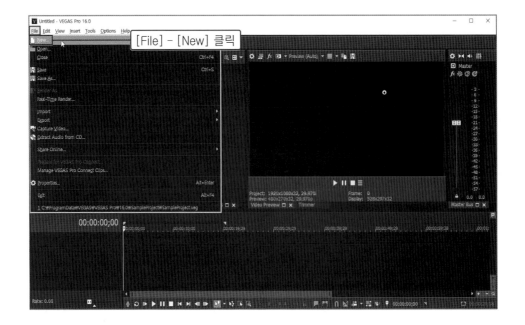

[New Project] 창이 나타나면 만들고자 하는 영상에 맞춰 프로젝트를 설정한 후 [OK] 버튼을 눌러 생성합니다. [Start all new projects with these settings]를 체크하면 선택한 설정이 기본 설정으로 지정됩니다.

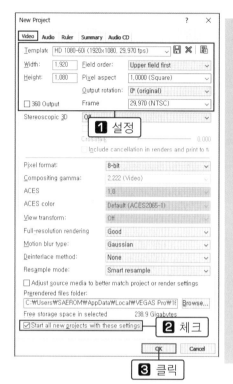

프로젝트 설정 옵션

- **Template** : 원하는 해상도 값을 선택할 수 있습니다. 일반적으로 1920×1080 또는 1280×720이 가장 많이 사용됩니다. 미디어 파일의 속성과 일치하도록 설정하려면 Match Media Video Settings(⊞) 버튼을 눌러 사용할 미디어 파일을 선택해 줍니다.

- **Width / Height** : 영상의 가로와 세로 해상도를 직접 설정할 수 있습니다. 직접 설정을 변경한 후 Save Template(🖫) 버튼을 눌러 새로운 템플릿을 저장할 수 있습니다.

- **Field order** : TV 주사선 방식을 설정합니다.

- **Pixel aspect** : 픽셀의 비율을 설정합니다. 1:1 비율인 1.0000(Square)를 선택합니다.

- **Output rotation** : 프로젝트 출력의 회전 각도를 설정합니다.

- **Frame** : 1초 동안 몇 장의 프레임을 사용할지 설정합니다. 값이 클수록 용량이 커지고, 화질이 좋아집니다. 보통 표준 프레임인 29.970(NTSC)를 선택합니다.

2 미디어 파일 불러오기

두 번째 단계는 영상 편집을 위한 비디오, 오디오, 이미지와 같은 미디어 파일을 불러오는 단계입니다.

■ Explorer 탭에서 불러오기

[Explorer] 탭을 클릭하여 [바탕 화면]의 [VEGAS Pro 16] - [Lesson03] 폴더를 선택한 뒤 [img01] 파일을 마우스로 드래그하여 타임 라인의 원하는 위치에 놓거나 더블 클릭합니다. 더블 클릭할 경우 에디트 라인이 있는 위치에 미디어 파일이 생성됩니다.

■ 마우스로 드래그하여 불러오기

폴더에서 원하는 파일을 직접 마우스로 드래그하여 불러오는 방법도 있습니다. [바탕 화면]의
[VEGAS Pro 16] - [Lesson03] 폴더를 열어서 [video01] 파일을 베가스의 타임 라인에 드래
그하여 놓습니다.

iNFO 영상 파일 불러오기

영상 파일이 오디오를 포함하고 있으면, 트랙에 영상 파일을 불러 올 때 비디오 트랙과 오디오 트랙이 분리되어 생성됩니다. 단, 영상 파일이 오디오를 포함하고 있지 않으면 오디오 트랙은 생성되지 않습니다.

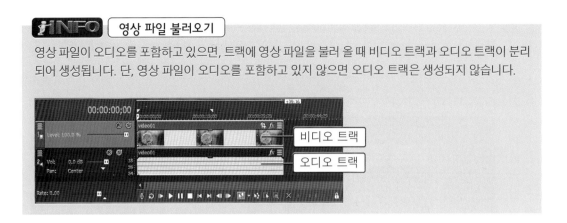

③ 미디어 파일 편집(장면 전환, 영상 효과, 자막)하기

불러온 미디어 파일을 편집하는 과정입니다. 영상에 장면 전환(Transitions) 효과와 다양한 효과(Video FX)를 주거나, 자막(Media Generators)을 추가하여 영상을 편집합니다.

3.1 장면 전환 효과, 트랜지션스(Transitions)

트랜지션스는 장면과 장면이 전환되는 부분에 적용할 수 있는 효과입니다. 이 효과는 일반적인 이벤트에는 적용되지 않고, 두 이벤트가 겹쳐져 생기는 크로스페이드 구간과 자연스럽게 시작하고 끝나도록 하는 페이드 인/아웃 구간에만 적용 가능합니다.

① 크로스페이드 구간을 만들기 위해 하단 툴 바의 Automatic Crossfades(⊠)를 눌러 활성화(⊠) 시킨 뒤, 뒤쪽의 이벤트를 앞쪽으로 드래그하여 앞쪽 이벤트와 겹치는 구간을 만들어 줍니다.

iNFO 크로스페이드

❷ [Transitions] 탭에서 [Dissolve] – [Color Bleed]를 마우스로 드래그하여 크로스페이드 구간에 넣어 줍니다. [Color Bleed]의 [Video Event FX] 창이 나타나면 닫기(✕) 버튼을 눌러 줍니다.

트랜지션스는 두 이벤트가 겹쳐진 크로스페이드 구간과 페이드 인/아웃 구간에만 적용 가능합니다.

3.2 다양한 영상 효과, Video FX

Video FX는 영상이나 이미지의 밝기, 색상을 변경하는 등의 다양한 효과를 줄 때 사용됩니다. [Video FX] 탭에서 [Levels] – [Brighten]을 드래그하여 영상 이벤트에 넣어 줍니다. 세부 설정을 할 수 있는 [Video Event FX] 창을 닫기(✕) 버튼을 눌러 닫아 줍니다.

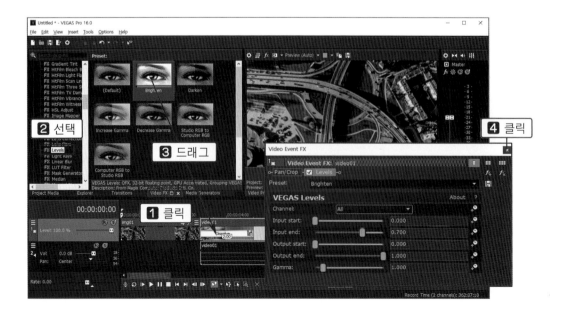

[효과 적용 전]

[효과 적용 후]

3.3 자막 넣기(Titles & Text)

베가스에서는 다양한 방법으로 영상에 자막을 넣을 수 있습니다. 이곳에선 그 중 가장 간편한
방법인 [Titles & Text]를 활용하여 자막을 넣어 보겠습니다.

① 자막을 추가하기 위해서는 새로운 트랙이 필요합니다. 트랙을 클릭한 후, 단축키 Ctrl + Shift + Q를
눌러 새로운 트랙을 추가해 줍니다.

iINFO 〔트랙 순서〕

베가스는 1번과 2번 트랙이 있을 경우 1번 트랙이 화면의 가장 앞, 2번 트랙은 그 뒤에 보이게 됩니다. 이처
럼 트랙의 순서대로 화면에 표현되기 때문에 트랙 순서가 굉장히 중요합니다.
영상에 자막을 삽입할 때도 배경이 되는 영상 트랙은 아래에 위치하고, 자막 트랙은 위쪽에 위치해야 합니
다. 만약 자막 트랙이 영상 트랙보다 아래에 있으면 영상에 가려져 자막이 보이지 않게 됩니다.

❷ 새로 추가된 1번 트랙에서 마우스 오른쪽 버튼을 클릭하여 [Insert Text Media...]를 선택합니다.

또는, [Media Generators] 탭에서 [Titles & Text] – [Default]를 드래그하여 새로 추가된 1번 트랙에
추가할 수도 있습니다.

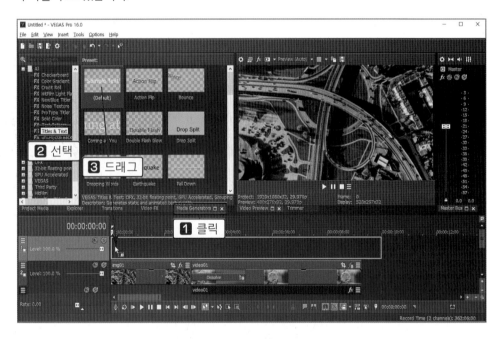

③ 자막 설정 창 [Video Media Generators]에서 기본으로 적혀 있는 'Sample Text' 전체를 드래그하여 선택한 뒤 원하는 자막을 입력합니다.

글꼴, 글자 크기, 색상 등의 원하는 설정을 적용해 줍니다. 설정이 끝나면 닫기(✖) 버튼을 눌러 창을 닫습니다.

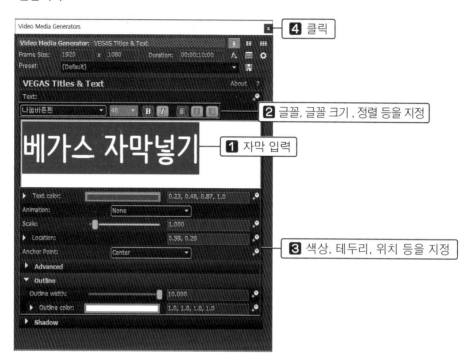

[결과 화면]

4 프로젝트 저장하기

프로젝트 저장은 지금까지 작업한 내용들을 저장하는 것입니다. 편집하는 중간 중간에 수시로 저장하는 습관을 갖는 것이 좋습니다. 그래야만 프로그램 오류로 인해 편집한 내용을 잃는 것을 방지할 수 있습니다. 영상으로 만드는 작업인 렌더링 후에도 나중에 수정 작업을 할 수 있도록 반드시 프로젝트 저장을 해줘야 합니다.

1 메뉴의 [File] – [Save]를 클릭하거나 또는 화면 상단 툴 바의 Save(🖫) 아이콘을 눌러 줍니다. 다른 이름으로 프로젝트를 저장할 때는 [File] - [Save As]를 사용합니다.

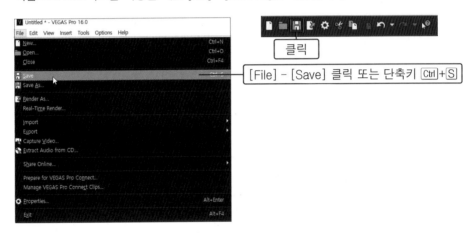

2 저장할 위치로 [바탕 화면]의 [VEGAS Pro 16] – [Project]를 지정하고 파일명을 입력한 후, [저장(S)]를 클릭합니다.

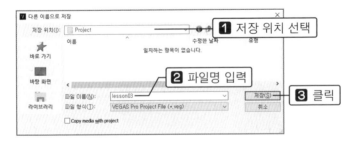

3 지정한 폴더를 확인해 보면 [lesson03.veg] 파일이 생성되어 있습니다. '.veg'가 프로젝트 파일임을 의미하는 확장자입니다.

❺ 동영상 파일 만들기, 렌더링(Rendering)

편집이 끝난 내용들을 최종 영상 파일로 만드는 작업을 렌더링(Rendering)이라고 합니다.

① 영상으로 만들고 싶은 범위를 지정해 줍니다. 편집한 내용 전체를 선택하고 싶을 땐 타임 라인 위쪽 공간을 더블 클릭합니다.

전체가 아닌 부분을 선택하고 싶다면 타임 라인 위쪽 공간에 마우스를 놓고 드래그하여 원하는 범위를 지정해 줍니다.

② 메뉴 [File] – [Render As] 또는 툴 바의 Render As(🎬) 아이콘을 클릭합니다.

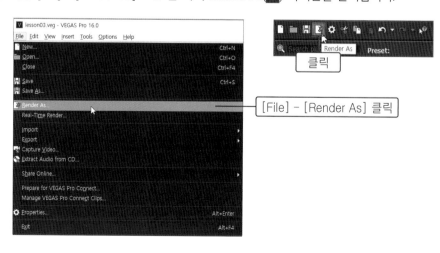

❸ [Render As] 창의 왼쪽에서 영상의 포맷을 선택할 수 있습니다. [Windows Media Video V11]을 선택하여 WMV 파일을 만들어 보겠습니다. WMV 파일은 가볍고 비교적 호환이 잘 되는 편이라 일반적으로 많이 사용되는 영상 포맷입니다. [8Mbps HD 1080-30p Video]를 클릭하고 [Customize Template...]를 선택합니다.

ℹINFO 　**Templates 선택**

영상의 좋은 품질을 위해 [8Mbps HD 1080-30p Video]를 선택했지만 보통 웹에 업로드하는 영상의 경우 [6Mbps HD 720-30p Video]를 선택해도 충분합니다.

❹ 하단의 [Video] 탭을 선택하고 Mode를 [CBR (Two-pass)]로 선택합니다. Image size에서 원하는 영상 해상도를 선택할 수 있는데, 프로젝트와 동일한 해상도를 선택하기 위해서 [(Keep Original Size)]를 선택해 줍니다. Pixel aspect ratio는 [1.000 (Square)]로 선택하고, Video smoothness의 스크롤 바를 100으로 올려 줍니다.

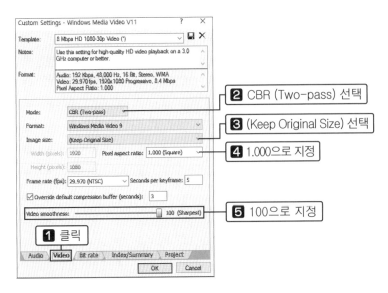

INFO [Image size]

- Image size의 항목 중 [Keep Original Size]를 선택하면 프로젝트 설정 시 설정한 해상도와 동일한 값이 적용됩니다.

- Image size에서 [Custom]을 선택하면 [Width]와 [Height]를 직접 원하는 값으로 설정할 수 있습니다.

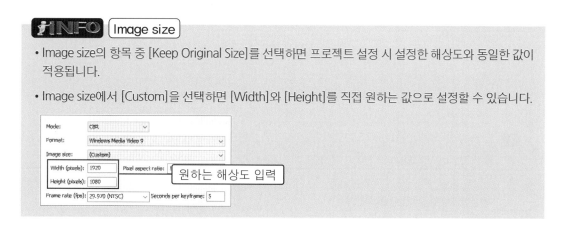

⑤ [Project] 탭을 선택합니다. [Video rendering quality]를 [Best]로 설정한 후 [OK]를 클릭합니다.

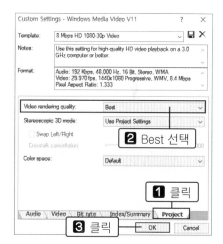

⑥ 다시 나온 [Render As] 창에서 방금 설정한 정보들을 확인할 수 있습니다. [Folder]의 [Browse]를 클릭, [바탕 화면]의 [VEGAS Pro 16] – [완성영상]을 선택하여 영상 파일을 생성할 폴더를 지정하고, [Name] 에서 파일명을 입력해 줍니다. [Render] 버튼을 클릭하면 렌더링이 진행됩니다.

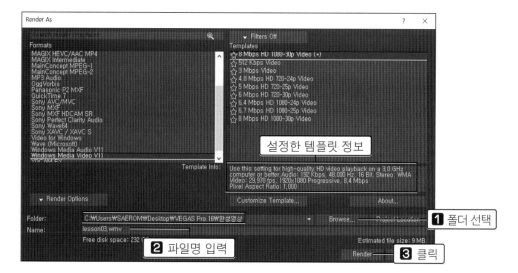

INFO Browse/Project Location

- **Browse** : 렌더링으로 영상 파일을 만들 때, 최종 동영상이 파일이 저장될 폴더를 직접 설정
- **Project Location** : 프로젝트가 저장되어 있는 폴더에 영상 파일 생성

❼ 100%로 렌더링이 완료된 후 [Open]을 누르면 완성된 영상을 확인할 수 있습니다. 파일이 있는 폴더를 열고 싶을 때는 [Open Folder] 버튼을 클릭합니다.

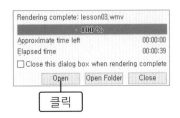

[VEGAS Pro 16] - [Project] - [lesson03.veg]
[VEGAS Pro 16] - [완성영상] - [lesson03.wmv]

INFO 프로젝트 파일과 렌더링

- **프로젝트 파일** : 베가스 프로에서 편집한 내용을 저장하고 있는 파일입니다. 어떤 파일을 불러서 사용했는지, 화면 전환, 영상 효과, 자막은 어떻게 지정했는지 등의 편집에 관한 모든 정보를 수록하고 있습니다. 따라서 프로젝트 파일을 불러와서 재편집할 수 있으며, 이를 최종 동영상 파일로 렌더링 할 수 있습니다. 베가스에서 저장이란 바로 프로젝트 파일 저장을 의미하며, 확장자 .veg를 갖고 있습니다.
- **렌더링(동영상 파일 제작)** : 렌더링이란 편집한 내용을 동영상 파일로 만드는 것을 말합니다. 동영상 파일은 그 자체가 최종적인 작업의 결과물이므로 수정 등이 불가능하며, *.wmv, *.mp4, *.avi 등의 다양한 포맷의 영상으로 제작할 수 있습니다. 따라서 재편집을 위해서 반드시 프로젝트 파일을 저장해 두어야 합니다.

Vegas Pro 16

Lesson 04 영상 편집을 위한 유용한 기능들

이번 레슨에서는 영상 편집을 위해 기본이 되는 유용한 기능들에 살펴보겠습니다.

① 이벤트 이동, 복사, 삭제

영상 편집을 위한 가장 기초적인 기능들로 이벤트를 이동시키고, 복사하며 필요 없는 이벤트를 삭제하는 방법에 대해 알아보겠습니다.

새 프로젝트를 생성하고, [Explorer] 탭에서 [바탕 화면]의 [VEGAS Pro 16] - [Lesson04] 폴더에서 [img01]을 클릭하고, Ctrl 키를 누른 상태에서 [img02]를 클릭하여 2개의 파일을 선택합니다. 선택된 2개의 파일을 타임 라인으로 드래그해서 이벤트를 추가해 줍니다.

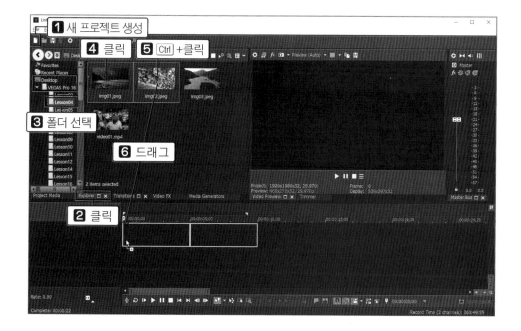

■ 이벤트 이동하기

오토 리플(🔳)이 비활성화된 상태에서, [img01]을 드래그하여 [img02] 뒤로 이동시킵니다.

INFO 오토 리플(🔳)

오토 리플(🔳) 툴은 이벤트를 이동 및 삭제할 때 이벤트 간격을 자동으로 유지시켜 주는 툴입니다. 만약 오토 리플 툴이 활성화(🔳)된 상태에서 [img01]을 뒤로 드래그하면 [img02] 또한 간격이 그대로 유지된 채로 함께 이동됩니다.

■ 이벤트 복사하기

뒤로 이동시킨 [img01] 이벤트를 선택한 후 [Ctrl]+[C]를 눌러 복사합니다.
붙여 넣고 싶은 위치를 클릭하여 에디트 라인을 이동시킨 뒤 [Ctrl]+[V]를 눌러 붙여넣기 합니다.

iNFO Ctrl 키를 이용한 이벤트 복사

복사를 원하는 이벤트를 Ctrl 키를 누른 채로 붙여 넣고 싶은 위치로 드래그해도 이벤트 복사가 가능합니다.

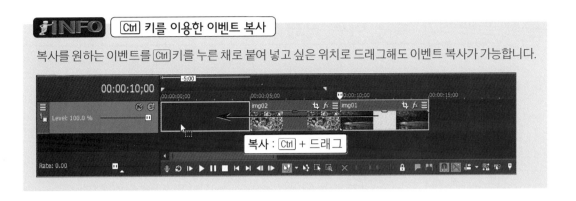

■ 이벤트 삭제하기

이벤트를 삭제할 때에는 원하는 이벤트를 선택한 후 Delete 키를 눌러 주면 됩니다. 뒤쪽에 있는 [img01] 이벤트를 선택한 뒤 Delete 키를 눌러 삭제합니다.

iNFO 여러 개의 이벤트 선택

한 개의 이벤트가 아닌 복수의 이벤트를 선택하여 한 번에 이동, 복사, 삭제 등의 편집을 해야 하는 경우에는 Ctrl 키, Shift 키를 사용합니다.

• 떨어져 있는 이벤트를 각각 선택할 때 : Ctrl + 클릭

• 연속으로 붙어 있는 이벤트를 선택할 때 : 첫 이벤트를 클릭한 후, 마지막 이벤트를 Shift + 클릭

❷ 트랙 추가, 복사, 이동, 삭제

각각의 이벤트가 아닌 트랙 단위로 편집해야 할 때 사용되는 기능입니다.

■ 트랙 추가하기

비어 있는 타임 라인의 빈 공간에서 마우스 오른쪽 버튼을 클릭합니다. 나타나는 항목에서 [Insert Video Track]을 선택하면 비디오 트랙이 추가되고, [Insert Audio Track]을 선택하면 오디오 트랙이 추가됩니다.

> **ℹNFO** 트랙 추가 단축키
>
> • 비디오 트랙 추가 : Ctrl + Shift + Q   • 오디오 트랙 추가 : Ctrl + Q

■ 트랙 복사하기

복사를 원하는 트랙의 타임 라인 빈 공간에서 마우스 오른쪽 버튼을 클릭해서 [Duplicate Track]을 선택합니다.

■ 트랙 삭제하기

필요 없는 트랙을 삭제할 때는 좌측 트랙 리스트에서 삭제할 트랙을 클릭하여 선택한 후 Delete
키를 눌러 줍니다.

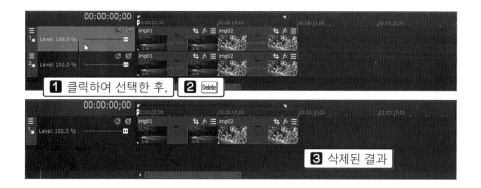

■ 트랙 이동하기

베가스에서는 여러 개의 트랙이 겹쳐져 있을 때 가장 위에 있는 트랙이 화면의 맨 앞에 보이게
됩니다. 따라서 각각의 트랙이 어디에 위치하고 있는지가 중요하며, 필요에 따라 트랙의 위치
를 변경하기도 합니다.

1번 트랙에는 [img01]을 넣고, 2번 트랙에는 [img02]를 넣어 줍니다. 두 이벤트가 겹쳐져 있
기 때문에 미리 보기 화면에는 가장 위에 있는 [img01]만이 보이게 됩니다.

2번 트랙을 클릭하여 선택한 다음, 1번 트랙 위로 드래그하여 이동시켜 줍니다.

트랙의 순서가 바뀌었기 때문에 위쪽에 있는 [img02]가 미리 보기 화면에 보입니다.

❸ 자동으로 이벤트 붙이기, 인에이블 스냅핑(Enable Snapping)

인에이블 스냅핑(🧲)은 이벤트를 이동시켜서 다른 이벤트에 이어 붙일 때 자동으로 위치를 맞춰 붙여 주는 기능입니다.

우측 하단 편집 툴 바의 Enable Snapping(🧲) 버튼을 클릭하여 활성화(🧲) 시킨 뒤, 뒤의 이벤트를 앞으로 이동시키면, 앞 영상의 끝에 맞춰 정확하게 이어 붙여집니다.

④ 이벤트 간 간격 유지 기능, 오토 리플(Auto Ripple)

오토 리플은 이벤트 간에 간격을 자동으로 유지시켜 주는 기능입니다.

■ 이벤트 삭제 시

하단 툴 바에서 오토 리플을 켠 상태(🖼)로 중간에 있는 이벤트를 삭제하면 빈 공간 없이 자동으로 뒤쪽 이벤트가 앞쪽 이벤트에 달라붙습니다.

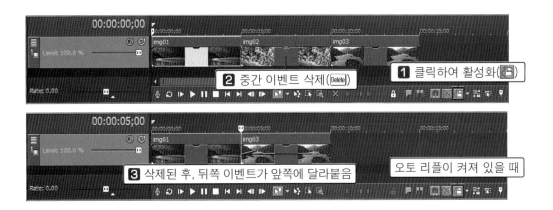

반대로 오토 리플을 끈 상태(🖼)로 중간에 이벤트를 삭제하면 중간에 빈 공간이 그대로 남게 됩니다.

■ 이벤트 이동 시

오토 리플(🖼)이 켜진 상태에서 맨 앞 이벤트를 오른쪽으로 이동하면, 뒤에 있는 이벤트들도 함께 이동됩니다.

오토 리플을 끈 상태()로 맨 앞 이벤트를 오른쪽으로 이동하면, 뒤에 있는 나머지 이벤트는 그 자리에 그대로 있고, 선택한 이벤트만 이동하게 됩니다.

INFO 아이콘 활성화/비활성화

해당 아이콘의 바탕색이 하늘색이면 활성화된 상태이고, 비활성화된 모습은 하늘색이 표시되지 않습니다.

• 활성화된 모습 : • 비활성화된 모습 :

❺ 오디오 볼륨 조절

영상 이벤트에는 보통 오디오가 포함되어 있는데 이런 오디오의 볼륨을 조절하는 방법에 대해 알아보겠습니다.

■ 이벤트 전체 볼륨 조절

[Explorer] 탭을 클릭하고 [바탕 화면]의 [VEGAS Pro 16] - [Lesson04] 폴더에서 [video01] 파일을 불러옵니다.

오디오 볼륨은 보통 조정선을 이용해 조절하는데, 오디오 이벤트를 클릭한 후 키보드 Ⓥ를 누르면 파란색 볼륨 조정선이 생성됩니다. 또는 메뉴 [View] - [Audio Envelopes] - [Track Volume]를 선택하여 나타내거나 나타나지 않게 할 수 있습니다.

볼륨 조정선이 나타난 후, 그 위에 마우스를 위치시키면 손가락 모양(🖐️↕)으로 변경되는데 이때 클릭한 채로 위 아래로 드래그하여 볼륨을 조절할 수 있습니다. 위쪽으로 선을 올릴수록 소리가 커지고, 내릴수록 작아집니다.

■ 이벤트 볼륨 세부 조절

하나의 오디오 이벤트 안에서 볼륨을 키웠다가 줄이는 등과 같이 세부적으로 조절을 하고 싶다면 키보드의 Ⓥ를 눌러 조정선을 만든 뒤, 선에 마우스를 놓고 더블 클릭하여 포인트를 생성합니다.

그 다음 각각의 포인트를 위 아래로 드래그하면 하나의 이벤트 안에서 소리가 커졌다 줄어들었다 하는 세부적인 조정이 가능합니다.

■ 볼륨 조정선 초기화

볼륨 조정선을 끄고 싶을 때에는 다시 키보드 V를 눌러 줍니다. 하지만 이렇게 할 경우 조정선이 보이지 않을 뿐 조정한 부분들은 그대로 남아 있게 됩니다. 볼륨 조정선을 처음과 같이 초기화하려면 볼륨 조정선에서 [마우스 오른쪽 버튼 클릭] - [Reset All]을 선택해 줍니다.

■ 트랙별 볼륨 조정

오디오 트랙 전체의 볼륨 조절은 오디오 트랙 볼륨 슬라이더를 사용합니다.

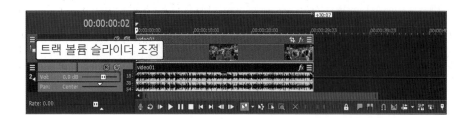

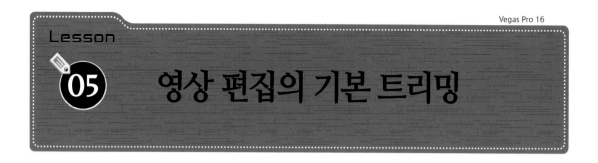

Vegas Pro 16

Lesson 05 영상 편집의 기본 트리밍

트리밍(Trimming)이란, 이벤트를 탐색하고 길이를 조절하거나 불필요한 부분을 잘라 내는 등 편집의 기본이 되는 작업을 말합니다.

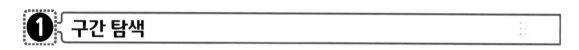

❶ 구간 탐색

영상을 편집하려면 영상을 탐색하여 원하는 위치에 에디트 라인을 옮기는 탐색 작업이 필요합니다.

1.1 영상 재생과 멈추기

[Explorer] 탭을 클릭하고 [바탕 화면]의 [VEGAS Pro 16] - [Lesson05] 폴더에서 [Video01] 파일을 트랙에 넣어 줍니다. 처음 시작점에서 Enter↵ 나 Space Bar 를 누르면 영상이 재생됩니다. 원하는 위치에 에디트 라인이 위치하면 다시 Enter↵ 를 눌러 멈춰 줍니다.

■ 재생/멈춤의 `Enter↵`와 `Space Bar`의 차이점

두 키 모두 재생과 멈춤을 시키는 키이지만 멈추는 위치에 차이가 있습니다.

● `Enter↵` : 키를 누른 지점에서 멈춤

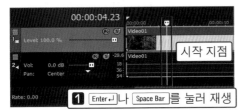

● `Space Bar` : 에디트 라인이 시작한 지점으로 돌아가서 멈춤

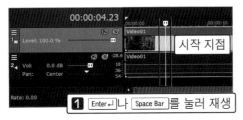

1.2 배속 재생과 뒤로 탐색하기

키보드의 `L` 키를 누르면 `Enter↵`나 `Space Bar`를 누를 때처럼 기본 속도로 재생이 되는데, `L`을 누를 때마다 재생되는 속도는 점점 빨라집니다. 탐색을 멈출 때는 `Enter↵`나 `K`를 눌러 줍니다.

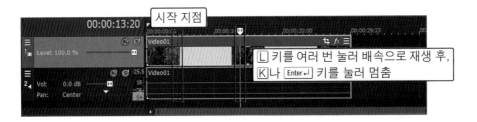

에디트 라인의 재생 방향을 반대로 하여, 역방향으로 탐색하고 싶을 땐 키보드 `J` 키를 사용합니다. `J` 키도 `L` 키와 같이 중첩하여 누르면 재생 속도가 점점 빨라집니다.

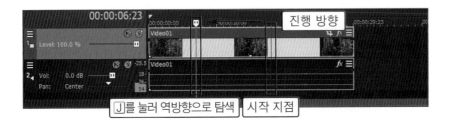

iINFO 에디트 라인 위치 조정

에디트 라인의 위치 조정은 마우스로 클릭 또는 드래그하여 움직일 수 있지만, 조금 더 세밀하게 위치를 조정하고 싶을 땐 키보드의 좌우 방향키를 이용하거나 타임 라인 오른쪽 하단 시간 표시에 직접 입력합니다.

2 이벤트 길이 조절하기

이벤트의 길이는 2가지 방법으로 조절이 가능합니다.
앞의 예제 영상인 [Lesson05] – [Video01] 파일을 그대로 사용하여 실습하겠습니다.

■ [Project Media]에서 조절하는 방법

[Project Media] 탭을 클릭하고 [Storyboard Bins] – [Main Timeline]을 클릭하면 현재 타임 라인에 올라와 있는 이벤트가 보입니다. 이때 썸네일의 양 끝에 흰 선을 마우스로 드래그하면 타임 라인에 있는 이벤트의 길이가 함께 줄어들거나 늘어나게 됩니다.

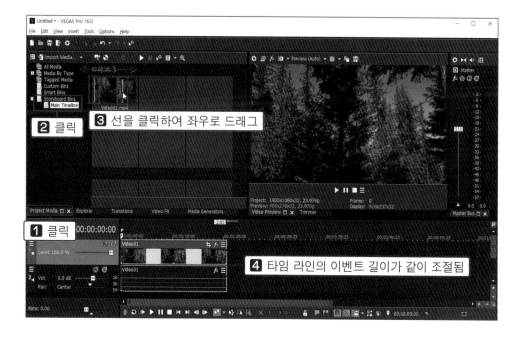

이 방법을 이용하면 길이 조절 시 썸네일을 통해 영상을 보면서 조절할 수 있어 편리하게 길이 조절이 가능합니다. 단, 원래 영상 길이의 한도 내에서만 조절이 가능하기 때문에 원래 영상 길이보다 길게 늘이는 건 불가합니다.

■ 타임 라인에서 조절하는 방법

이벤트의 끝에 마우스를 위치시킨 후 마우스 모양(⬅➡)이 바뀌면, 이를 클릭한 체로 마우스로
드래그하여 조절하는 방법입니다.

이벤트를 왼쪽으로 드래그하면 길이가 줄고, 반대로 오른쪽으로 끌어당기면 이벤트 길이가
늘어납니다.

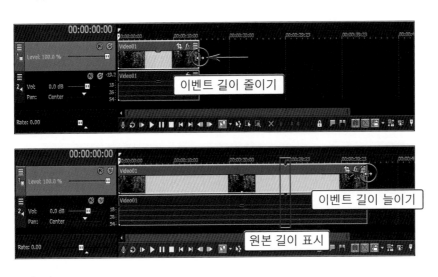

이벤트 길이 줄이기

이벤트 길이 늘이기

원본 길이 표시

ⓘINFO 이벤트 길이 조정과 페이드 적용

이벤트 길이 조정		페이드 적용	
	마우스 커서를 이벤트 끝의 상하 중간(⬅➡)에 위치시켜 작업		마우스 커서를 이벤트 끝의 상하 위쪽(◢◣)에 위치시켜서 작업

iNFO 영상 이벤트에 생기는 ▼ 표시

영상 이벤트의 길이를 늘이다 보면 상단에 ▼ 표시가 생기는 경우가 있습니다. 이는 원본 영상의 길이보다 길어질 경우에 생기는 것으로 ▼에서 영상이 끝나고, 그 뒤는 다시 처음부터 재생된다는 표시입니다.

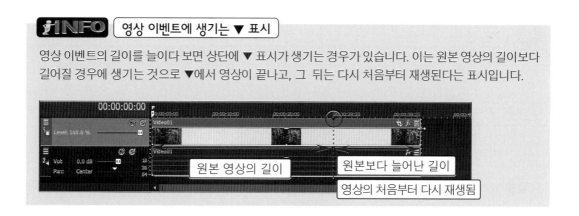

❸ 이벤트 자르기와 삭제하기

이벤트의 중간을 잘라 이동시키거나 필요 없는 부분을 삭제하려면, 이벤트를 자르는 작업이 필요합니다. 원하는 부분에 에디트 라인을 이동시킨 후, 키보드 Ⓢ를 누르면 에디트 라인을 기준으로 이벤트가 잘리게 됩니다.

❶ 앞의 길이 조절 예제를 통해 영상 원본의 길이를 초과해서 늘어난 뒷부분을 삭제해 보겠습니다. ▼ 표시가 있는 부분에 에디트 이동시킨 뒤 키보드의 Ⓢ 키를 눌러 잘라 줍니다.

❷ 필요 없는 뒤쪽의 [Video01] 이벤트를 클릭한 뒤 Delete 키를 눌러 삭제해 줍니다.

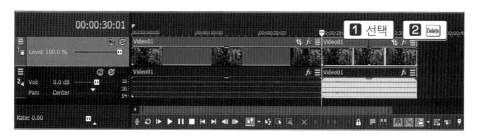

④ 영상과 오디오 분리하기

보통 영상 파일의 경우 영상과 오디오가 함께 묶여 있는데, 간혹 영상과 오디오를 분리하여 자르거나 삭제해야 하는 경우가 생깁니다. 이럴 때는 Ignore Event Grouping(🖼) 툴을 활성화 시켜 영상과 오디오를 분리시켜 편집합니다.

① 새 프로젝트에서 [Explorer] 탭, [바탕 화면]의 [VEGAS Pro 16] −[Lesson05] − [video02] 파일을 트랙에 넣어 준 뒤 하단 툴 바에 Ignore Event Grouping(🖼) 버튼을 눌러 기능을 활성화(🖼)시켜 줍니다. 이 기능을 활성화 시킬 경우 영상과 오디오가 묶여 있던 것이 해제되어 각각의 편집이 가능하게 됩니다.

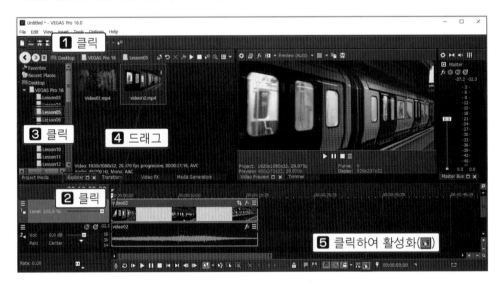

🅘NFO Ignore Event Grouping(🖼)

• Ignore Event Grouping 비활성화 상태(🖼) : 편집용 도구 툴 바와 같은 색상으로 나타납니다.
• Ignore Event Grouping 활성화 상태(🖼) : 아이콘 주변에 하늘색 바탕이 생깁니다.

※ 다른 편집용 도구 툴 바의 아이콘들도 같습니다. 하늘색 바탕이 생기면 활성화 상태, 도구 툴 바와 같은 색상이면 비활성화된 상태입니다.

② 오디오 이벤트를 클릭하여 선택합니다. 그 다음 Delete 키를 눌러 삭제해 줍니다.

③ 비디오와 오디오 이벤트를 분리하기 전의 상황이었다면 영상 이벤트도 함께 삭제되지만, 분리된 상태
(🔳)이기 때문에 오디오 이벤트만 삭제된 것을 확인할 수 있습니다.

INFO 작업 취소(Ctrl+Z)

방금 작업한 내용을 취소시켜 이전 상태로 되돌리려면 Ctrl+Z를 눌러 줍니다.

INFO 분리된 영상과 오디오 다시 합치기

Ignore Event Grouping (🔳) 버튼을 다시 한번 눌러 비활성화 시켜 주면, 분리되었던 영상과 오디오 이벤
트가 다시 합쳐지게 됩니다.

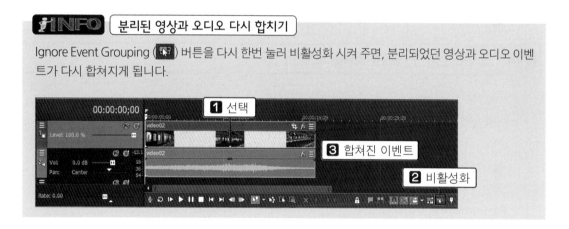

■ 삭제한 오디오 이벤트 복구하기

영상과 오디오가 함께 있었던 이벤트를 분리하여 오디오 이벤트만 삭제한 경우에도 다시 오
디오 이벤트를 복구할 수 있습니다. 영상 이벤트 위에서 [마우스 오른쪽 클릭(🖱)] - [Add
Missing Stream for Selected Event]를 클릭합니다.

Lesson

06

장면 전환 효과, 트랜지션스

영상이나 사진의 장면과 장면이 연결되는 지점에 다양한 효과를 넣을 수 있는데 이런 효과들을 트랜지션스(Transitions)라고 합니다.

❶ 트랜지션스 효과 적용 방법

장면과 장면이 전환될 때 사용되는 트랜지션스 효과는 일반적인 이벤트에는 적용할 수 없기 때문에, 적용하려고 하면 적용 불가 표시로 마우스가 변환되는 걸 볼 수 있습니다. 트랜지션스 효과 적용이 가능한 구간은 두 이벤트가 겹쳐지는 크로스페이드 구간이나 이벤트의 앞뒤에 적용하는 페이드 인/아웃 구간입니다.

트랜지션스는 일반적인 이벤트에 적용 불가

※ 트랜지션스 적용 구간 : 두 이벤트가 겹쳐 있는 크로스페이드 구간과 페이드 인/아웃 구간

1.1 크로스페이드(Crossfade) 구간에 트랜지션스 적용하기

1 크로스페이드는 이벤트와 이벤트가 겹쳐지는 구간을 말하기 때문에 2개의 이벤트가 필요합니다. [Explorer] 탭에서 [바탕 화면]의 [VEGAS Pro 16] –[Lesson06] 폴더의 [image01]과 [image02] 파일을 드래그하여 트랙에 넣어 주고, 두 이벤트를 겹쳐지게 하여 크로스페이드 구간을 만들어 줍니다.

2 [Transitions] 탭을 선택한 후 [Gradient Wipe]의 [Puzzle Pieces]를 마우스로 드래그하여 크로스페이드된 구간에 넣어 줍니다. 나타나는 설정 창은 변경하지 않고 닫아 줍니다.

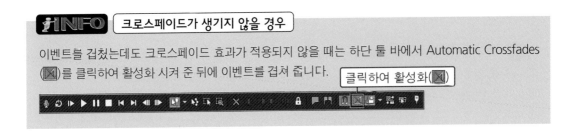

ⓘNFO 크로스페이드가 생기지 않을 경우

이벤트를 겹쳤는데도 크로스페이드 효과가 적용되지 않을 때는 하단 툴 바에서 Automatic Crossfades (▨)를 클릭하여 활성화 시켜 준 뒤에 이벤트를 겹쳐 줍니다.

클릭하여 활성화(▨)

1.2 페이드 인/아웃(Fade In/Out) 구간에 트랜지션스 적용하기

이벤트의 시작과 끝이, 자연스럽게 시작되고 끝맺음 되도록 하는 방법을 페이드 인/아웃이라고 합니다.

① 이벤트의 앞쪽 상단 모서리에 마우스를 올리면 마우스 모양(🔺)이 변경됩니다. 이때 마우스를 클릭한 채로 오른쪽으로 드래그하여 페이드 인 효과를 만들어 줍니다.

② 같은 방법으로 이벤트의 뒤쪽 상단 모서리에 마우스(🔺)를 놓고 왼쪽으로 드래그하여 페이드 아웃 효과를 만들어 줍니다.

ⓘNFO 페이드 인/아웃

• **페이드 인** : 화면이 점점 밝아지면서 시작되는 효과
• **페이드 아웃** : 화면이 어두워지면서 끝나는 효과
※ **소리의 페이드 인/아웃** : 소리가 점점 커지는, 점점 작아지는 효과

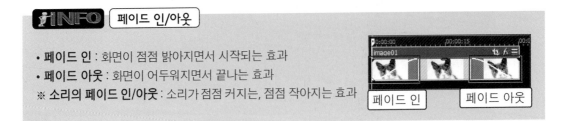

페이드 인   페이드 아웃

❸ [Transitions] 탭의 [Slide] – [Slide In, Left-Right]를 마우스로 드래그하여 페이드 인이 적용된 구간에 넣어 줍니다. 설정 창은 변경하지 않고 닫아 줍니다.

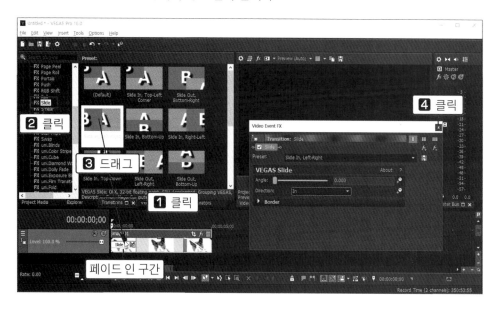

❹ 이어서 [Transitions] 탭, [Slide] – [Slide In, Right-Left]를 페이드 아웃 구간에 적용시켜 줍니다. 미리 보기에서 플레이(▶) 버튼을 눌러 결과를 확인해봅니다.

[트랜지션스 효과가 적용된 상태]

② 트랜지션스 효과를 한 번에 적용하는 방법

간혹 여러 이벤트에 같은 트랜지션스 효과를 적용해야 하는 경우가 있습니다. 이럴 때 한 번에 효과를 적용하는 방법에 대해 알아보겠습니다.

2.1 이어져 있는 구간에 한 번에 적용하기

[Explorer] 탭에서 [Lesson06]에 있는 이미지들을 드래그해서 트랙에 차례대로 겹쳐 넣어 줍니다.
한 번에 적용하고 싶은 이벤트들이 이어져 있을 땐, 맨 처음 이벤트를 클릭하고 마지막 이벤트를 Shift 키를 누른 채 클릭해서 전체를 선택해 줍니다.

[Transitions] 탭에서 원하는 효과(예: [Iris] – [Default])를 크로스페이드 된 구간에 마우스로 드래그해서 넣어 줍니다.

[한 번에 동일한 효과가 적용된 모습]

2.2 떨어져 있는 구간에 한 번에 적용하기

이전 예제와 다르게 이어져 있지 않은 구간에 같은 트랜지션스 효과를 넣고 싶을 땐, 효과를 적용할 이벤트를 Ctrl 키를 누른 채로 각각 클릭하여 선택해 줍니다.

[Transitions] 탭을 클릭하고 원하는 효과를, 선택한 크로스페이드된 구간에 마우스로 드래그해서 넣어 줍니다.

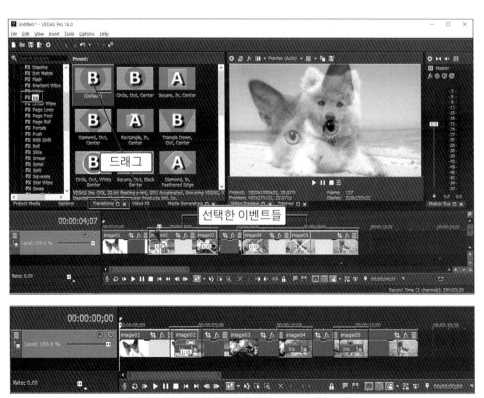

[떨어져 있는 각각의 구간에 동일한 효과가 적용된 모습]

❸ 트랜지션스 속도 조절 방법

크로스페이드 구간이나 페이드 인/아웃 구간의 간격에 따라 트랜지션스 효과가 나타나는 속도가 달라집니다. 속도를 조절할 때는 겹쳐진 부분에 마우스를 위치시켜서 마우스 모양(⏢, ⏢)이 변경될 때 좌우로 드래그하여 조절할 수 있습니다. 또는 겹쳐진 이벤트 중 하나를 직접 마우스로 이동시켜 길이를 조절할 수도 있습니다.

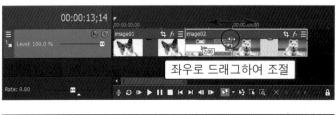

트랜지션스 효과의 재생 속도는 화면에 보이는 단순한 길이가 아니라 효과에 표시된 시간에 따라 달라집니다.

재생(▶) 버튼을 눌러 확인해 보면, 겹쳐진 구간의 길이(시간)가 길수록 트랜지션스 효과가 천천히 나타나고, 길이(시간)가 짧을수록 빠르게 나타납니다.

④ 트랜지션 설정 수정 및 삭제

트랜지션 효과를 적용한 후 설정을 수정하려면 Transition Properties(🖾) 아이콘을 클릭합니다.

클릭하여 트랜지션 효과 수정 및 삭제

트랜지션 효과의 수정은 각 항목을 변경하고, 설정이 끝난 후에는 닫기(✕) 버튼을 눌러 창을 닫아 줍니다.

트랜지션 효과의 삭제는 Remove Selected Plug-In(𝑓ₓ) 아이콘을 클릭하면 됩니다.

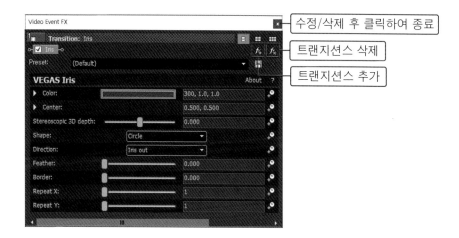

수정/삭제 후 클릭하여 종료

트랜지션 삭제

트랜지션 추가

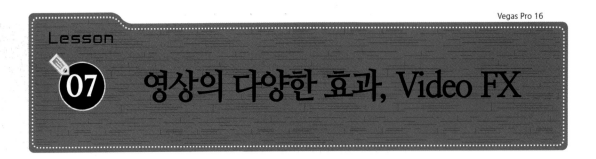

Lesson

07

영상의 다양한 효과, Video FX

영상에 색상을 변화시키거나 모자이크 효과를 넣는 등 영상에 다양한 효과를 넣을 때 Video FX 효과를 사용합니다.

❶ Video FX 효과 적용 방법

[Explorer] 탭에서 [바탕 화면]의 [VEGAS Pro 16] - [Lesson07] 폴더의 [video01] 파일을 드래그해서 트랙에 넣어 줍니다.

[Video FX] 탭을 클릭한 후 원하는 효과(예: [Mirror] - [Default])를 마우스로 드래그하여 이벤트에 넣어 적용합니다.

Video FX 효과가 적용된 이벤트에는 오른쪽 상단에 Event FX(_fx_) 버튼에 색상(_fx_)이 생깁니다.(Video FX 적용 전 : _fx_, Video FX 적용 후 : _fx_)

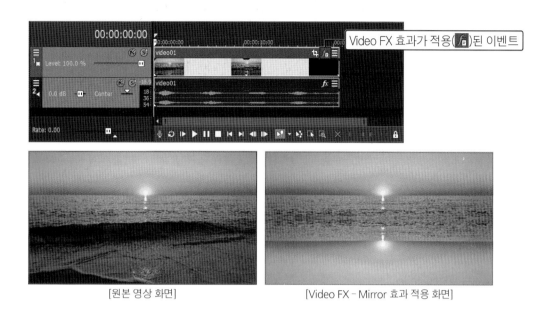

[원본 영상 화면]   [Video FX – Mirror 효과 적용 화면]

■ Video FX 효과 중복 적용하기

구간 당 하나의 효과만 적용이 가능하던 트랜지션스와 다르게, Video FX 효과는 중복으로 적용이 가능합니다. 적용되어 있는 효과는 이벤트의 Event FX(_fx_) 버튼을 클릭하면 확인할 수 있습니다.

❷ Video FX 효과를 한 번에 적용하기

동일한 Video FX 효과를 여러 개의 이벤트에 한 번에 적용하는 방법에 대해 알아보겠습니다.

■ 프로젝트 전체에 Video FX 효과 한 번에 적용하기

여러 트랙에 이벤트가 있을 때, 프로젝트 전체에 일괄적으로 효과를 적용하려면 프리뷰 윈도우(Preview Window) 화면에 Video FX 효과를 넣어 주면 됩니다.

■ 하나의 트랙에 Video FX 효과 한 번에 적용하기

1번 트랙에 있는 이벤트에 효과를 한 번에 적용하려면 Video FX 효과를 해당 트랙 리스트에 드래그하여 넣어 줍니다.

■ 연속하는 이벤트에 일괄 적용하기

연속하는 이벤트에 일괄 적용하는 경우에는 첫 번째 이벤트를 클릭 후, Shift 를 누른 채로 마지막 이벤트를 클릭하여 연속된 이벤트 전체를 선택해 줍니다. 그 다음 선택된 이벤트에 Video FX 효과를 넣어 줍니다.

■ 연속하지 않는 이벤트에 일괄 적용하기

효과를 적용하고 싶은 이벤트를 Ctrl 을 누른 채로 클릭하여 선택한 뒤, 선택된 이벤트에 Video FX 효과를 마우스로 드래그하여 넣어 줍니다.

❸ Video FX 설정 수정 및 삭제

적용된 Video FX 효과를 수정하거나 삭제하려면 적용된 이벤트 트랙 상단의 Event FX(🎞)
버튼을 클릭합니다.

적용된 효과를 삭제하려면 오른쪽 상단 Remove Selected Plug-In(🎞)을 클릭합니다.

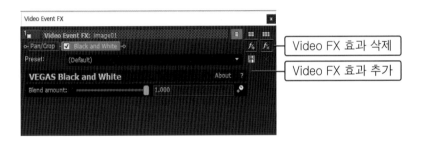

■ 중복 적용된 효과 수정 및 삭제하기

Event FX(🎞)을 클릭한 뒤 상단에 나열된 Video FX 효과 중 수정을 원하는 효과를 클릭하면
해당 효과의 설정 창이 나와 수정이 가능합니다.

삭제할 때에도 삭제를 원하는 효과를 클릭 후 Remove Selected Plug-In(🎞)을 클릭합니다.

■ 프로젝트 전체에 적용된 Video FX 효과 수정 및 삭제

윈도우 프리뷰 화면에 Video FX 효과를 적용하여 프로젝트 전체에 효과를 적용했을 때는 각 이벤트의 Event FX(*fx*)의 색상은 변화가 없고, 윈도우 프리뷰 상단의 Video Output FX(*fx*) 의 색상이 변경됩니다. 따라서 적용된 효과의 수정 및 삭제를 할 때에도 윈도우 프리뷰의 Video Output FX(*fx*) 버튼을 클릭하여 편집합니다.

■ 트랙 전체에 적용된 Video FX 효과 수정 및 삭제

트랙 전체에 Video FX 효과를 적용했을 때는 트랙 리스트의 More(≡)를 클릭한 뒤 [Track FX]를 선택하여 수정 및 삭제를 합니다.

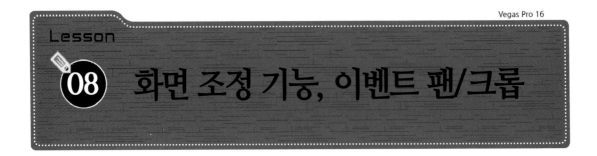

Lesson

08 화면 조정 기능, 이벤트 팬/크롭

Event Pan/Crop은 화면을 확대, 축소하거나 위치 이동, 회전, 비율 조정 등 화면에 다양한 효과를 줄 수 있는 기능입니다. 또한, 키프레임을 활용해 화면이 움직이는 듯한 애니메이션 효과를 줄 때도 사용됩니다.

❶ 이벤트 팬/크롭의 구성

이벤트 상단의 Event Pan/Crop(🔁) 아이콘을 클릭하면 이벤트 팬/크롭 창이 열립니다.

■ 포지션 [F]

[F]가 표시된 박스 안의 내용이 화면에 보이는 부분입니다. 마우스로 화면의 크기를 확대/축소시키거나 위치 이동, 회전 시킬 수 있습니다.

■ 정보 입력 창

현재 화면의 정보를 확인하거나 직접 값을 입력할 수 있는 창입니다. 포지션 [F]를 통해 마우스로 화면의 값을 조정할 수도 있지만, 정확한 수치를 입력해야 할 때는 정보 입력 창을 통해 직접 입력합니다.

- Position : 화면의 가로(Width), 세로(Height) 사이즈와 중점을 확인하고 설정합니다.
- Rotation : 화면의 각도를 조절하는 메뉴입니다.
- Keyframe Interpolation : Smoothness 수치를 높일수록 키프레임에 적용한 속성들이 더욱 부드럽게 표현되도록 합니다.
- Source : 화면의 크기를 변경할 때 화면의 비율을 설정하는 옵션입니다.
- Workspace : 이벤트 팬/크롭 창의 작업환경을 설정합니다.

■ 이벤트 팬/크롭 툴 바

이벤트 팬/크롭에서 사용할 수 있는 툴입니다.

항목	사 양	
⚙	Show Properties	선택 시 정보 입력 창이 나타납니다.
�	Normal Edit Tool	일반적인 작업 시 사용합니다.
🔍	Zoom Edit Tool	포지션 [F] 창을 확대/축소(마우스 왼쪽: 확대 / 오른쪽: 축소)
🧲	Enable Snapping	화면 이동 시 Grid에 맞춰 일정한 간격으로 이동합니다.

	Lock Aspect Ratio	화면 비율 조절 시 같은 비율로 조절됩니다.
	Size About Center	화면 크기 조절 시 화면의 중심을 기준으로 조절됩니다.
	Move Freely (X or Y)	X, Y 축으로 자유롭게 이동시킬 수 있습니다. 클릭 시 X축으로만 이동이 가능한 Move in X only(), Y축으로만 이동이 가능한 Move in Y only()로 변경이 가능합니다.

■ 타임 라인

타임 라인에서는 시간의 흐름에 따라 화면의 크기, 위치 등에 변화를 주어 마치 움직이는 듯한 효과를 줄 수 있습니다. 위치나 크기를 조정하여 움직임을 주는 포지션 타임 라인이 기본으로 보이고 [Mask]에 체크하면 화면에 마스크를 씌울 때 사용되는 마스크 타임 라인이 보입니다.

■ 이벤트 팬/크롭 팝업 메뉴

포지션 [F]에 마우스를 위치시키고 오른쪽 버튼()을 클릭하면 이벤트 팬/크롭에서 사용할 수 있는 팝업 메뉴가 나옵니다.

- **Restore** : 이벤트 팬/크롭에서 편집한 모든 내용들을 초기 상태로 되돌립니다.
- **Center** : 화면의 위치를 변경했을 때 Center를 선택하면 다시 화면이 중심으로 돌아옵니다.

- Flip Horizontal : 화면의 좌우를 반전시킵니다.
- Flip Vertical : 화면의 상하를 반전시킵니다.
- Match Output Aspect : 화면의 비율을 프레임에 꽉 차게 맞춰 줍니다.
- Match Source Aspect : 원본의 화면 비율로 맞춰 줍니다.

② 화면 비율 맞추는 방법

일반적으로 16:9나 4:3의 화면을 사용하지만 간혹 다른 해상도의 영상이나 이미지로 편집을 하게 되어 화면에 블랙 바가 생기는 경우가 있습니다. 이벤트 팬/크롭을 활용해 화면에 꽉 차도록 영상이나 이미지를 맞춰 보겠습니다.

① 메뉴 [File] - [New]를 클릭하여 새로운 프로젝트를 만들어 줍니다. 이때 템플릿의 해상도를 가로 1920, 세로 1080으로 설정해 줍니다.

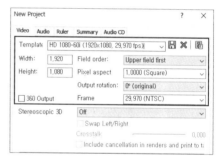

② [Explorer] 탭을 클릭하고, [바탕 화면]의 [VEGAS Pro 16] – [Lesson08] 폴더의 [image02] 파일을 불러옵니다. 화면 비율과 이미지의 비율이 다르기 때문에 프리뷰 화면에 이미지가 꽉 차지 않고 여백이 생긴 걸 확인할 수 있습니다. 이미지 이벤트의 상단에 Event Pan/Crop(🔁) 버튼을 누릅니다.

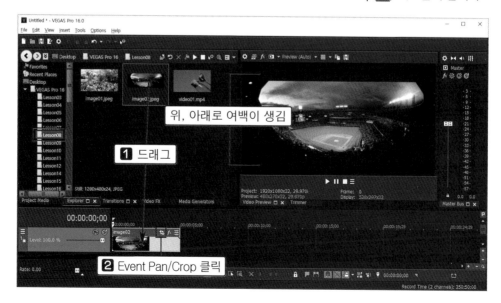

③ 포지션 [F] 안에 마우스를 위치시킨 후 [마우스 오른쪽 버튼 클릭(🖱)] - [Match Output Aspect]를 클릭합니다.

화면에 나타나는 부분을 변경하고 싶다면 포지션 [F]를, 크기는 모퉁이의 조절점을 마우스로 움직여 조정합니다.

④ 이미지의 비율이 화면에 꽉 차도록 변경된 것을 확인할 수 있습니다.

[변경 전 : 위, 아래에 여백이 생김]

[변경 후 : 여백 없음]

ⓘNFO   마우스 오른쪽 버튼 클릭

[마우스 오른쪽 버튼 클릭]은 이후부터 마우스 아이콘(🖱)으로 표시합니다. 아래는 동일한 표현입니다.

1 마우스 오른쪽 버튼 클릭 ⟷ 1 🖱

■ 잘림 없이 꽉 찬 화면 만들기

이벤트 팬/크롭의 Match Output Aspect를 사용해 꽉 찬 화면을 만들다 보면 비율이 변경되어 어쩔 수 없이 잘리는 부분이 생깁니다. 이미지의 잘림 없이 화면에 꽉 차도록 만들기 위해선 다른 방법을 사용해야 합니다.

이벤트 위에 마우스를 위치시킨 후 마우스 오른쪽 버튼을 클릭(🖱), [Switches] - [Maintain Aspect Ratio]를 클릭하여 체크를 해제합니다.

이렇게 변경한 화면의 경우 잘리는 부분은 없지만 이미지가 원본과 다르게 비율이 변형되는 부분이 생깁니다. 따라서 두 가지 방법 중, 상황에 따라 더 적절한 방법을 선택해 작업해야 합니다.

[원본 : 위, 아래에 여백이 생김]

[Maintain Aspect Ratio 해제로 변경한 화면, 화면 왜곡됨]

[이벤트 팬/크롭 Match Output Aspect로 변경한 화면]

③ 애니메이션 효과 주는 방법

이벤트 팬/크롭 타임 라인의 키프레임을 활용하면 일반적인 영상이 줌인/줌아웃 되는 느낌을
주거나 카메라가 움직이는 듯한 애니메이션 효과를 만들 수 있습니다.

① 메뉴 [File] - [New]를 클릭하여 새 프로젝트(1920×1080)를 만들고, [Explorer] 탭을 클릭하여 [바탕
화면]의 [VEGAS Pro 16] – [Lesson08] – [video01] 파일을 불러온 후, 이벤트 상단의 Event Pan/Crop
(🔄) 버튼을 클릭하여 열어 줍니다.

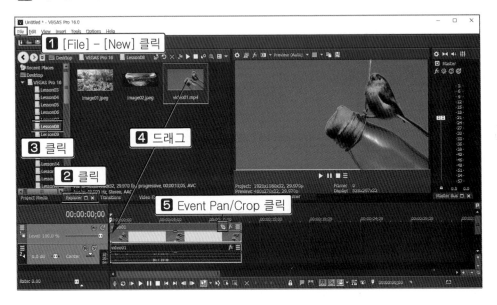

② 타임 라인의 키프레임이 맨 앞에 있는 것을 확인한 후 포지션 [F]를 마우스로 조절하여 왼쪽 상단 부분
만 화면에 보이도록 조정합니다.

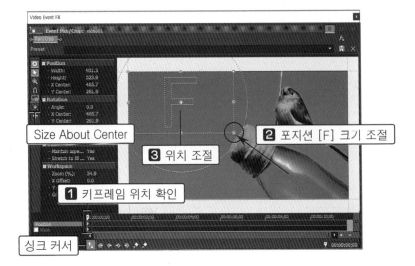

❸ 타임 라인의 키프레임 커서의 위치를 5초 지점으로 변경합니다. 마우스로 위치를 이동시킬 수도 있지만 타임 라인 오른쪽 하단의 시간 표시 부분에 직접 시간을 입력하여 옮기는 것도 가능합니다. 키프레임의 위치를 옮겼다면 포지션 [F]의 중앙을 드래그하여 새가 화면에 보이도록 이동시켜 줍니다.

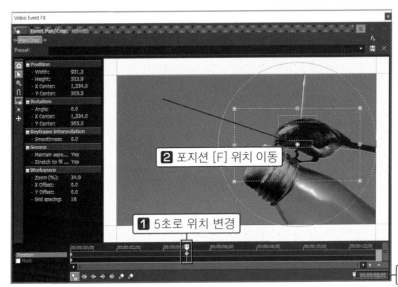

❹ 다시 키프레임을 10초 지점으로 이동시킨 뒤 마우스 오른쪽 버튼(🖱)을 클릭합니다. 팝업 메뉴 중 [Restore]를 선택하여 처음 영상의 크기로 돌려줍니다. 오른쪽 상단 닫기(✖) 버튼을 눌러 창을 닫아 줍니다.

⑤ 재생시켜 보면 하늘에서 새가 있는 방향으로 점점 줌아웃 되면서 이동되는 영상을 확인할 수 있습니다. 메뉴 [File] - [Save]로 프로젝트를 저장하고 렌더링합니다.

재생하여 확인

i INFO 참조

프로젝트 저장하기: 34쪽
동영상으로 렌더링하기 : 35쪽

[VEGAS Pro 16] - [Project] - [lesson08.veg]
[VEGAS Pro 16] - [완성영상] - [lesson08.wmv]

i INFO 애니메이션 효과 속도 조절

화면이 이동하거나 줌인/줌아웃 되는 애니메이션 효과의 속도를 더 빠르게 나타나게 하려면 Event Pan/Crop(🔁)을 눌러 나온 화면의 타임 라인에서 앞 키프레임과의 간격을 좁혀 줍니다. 반대로 느리게 표현하고 싶다면 간격을 넓혀 주면 됩니다.

간격을 넓혀 주면 느려지고, 좁혀 주면 빨라짐

i INFO 시간 표시

베가스의 시간 표시는 [시:분:초;프레임]으로 표시합니다.

프레임(Frame)은 1초에 표시되는 사진의 개수를 말합니다. 보통 표준으로 사용하는 29.970(NTSC)로 설정되어 있는데, 이럴 때 [시:분:초;프레임]으로 표시됩니다. 프레임의 설정을 변경했을 시에는 [시:분:초:Frame]의 형식으로 표시되기도 합니다.

예) 2초 → 00:00:02;00   10초 → 00:00:10;00   15초 10프레임 → 00:00:15;10
　　1분 → 00:01:00;00   1분 13초 → 00:01:13;00
　　1시간 → 01:00:00;00   1시간 10분 5초 → 01:10:05;00

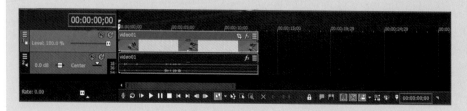

■ 이벤트 팬/크롭의 Sync Cursor/Size About Center

싱크 커서(Sync Cursor 🔒)

싱크 커서를 켜고 작업을 하면 타임 라인의 커서와 에디트 라인이 함께 움직이게 되어 변경되는 화면을 프리뷰 윈도우로 확인하면서 편집 작업을 할 수 있습니다.

Size About Center(⊙)

포지션 [F]의 크기를 조절할 경우 Size About Center가 켜져 있으면 중심점을 기준으로 조절되는 것을 볼 수 있습니다. 따라서 중앙이 아닌 한쪽으로 포지션 [F]를 위치시킬 때는 Size About Center를 해제한 후에 조절하는 것이 편리합니다.

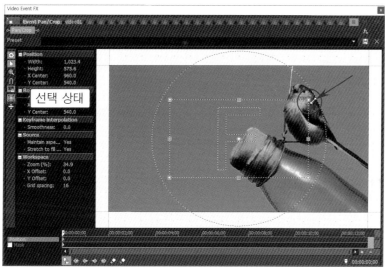

[Size About Center가 선택되어 있을 때]

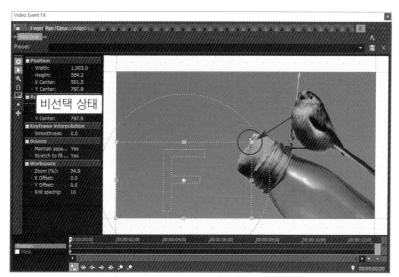

[Size About Center가 해제되어 있을 때]

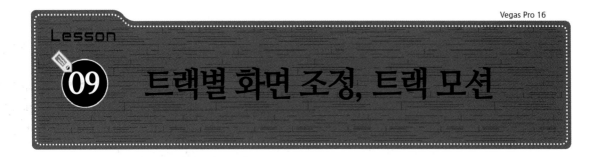

Lesson 09 트랙별 화면 조정, 트랙 모션

트랙 모션(Track Motion)은 이벤트 팬/크롭과 비슷하게 화면의 크기, 각도, 위치 등을 조정하고, 애니메이션 효과, 3D 효과 등을 만들 때 사용되는 기능입니다. 단, 이벤트 별로 편집이 가능한 이벤트 팬/크롭과 달리 트랙 모션은 트랙 단위로 설정이 적용된다는 차이점이 있습니다.

① 트랙 모션의 구성

[Explorer] 탭에서 [바탕 화면]의 [VEGAS Pro 16] – [Lesson09] 폴더의 [img01] 파일을 불러옵니다.

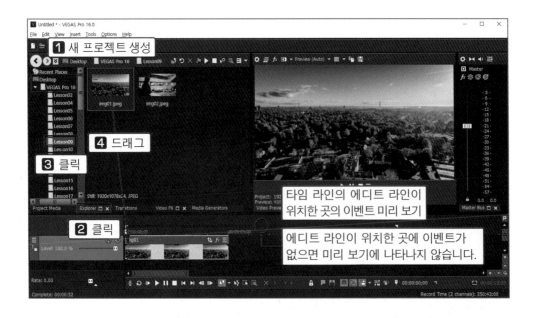

트랙 모션을 열기 위해서는 왼쪽 트랙 리스트에서 More(▤) 버튼을 클릭한 다음 [Track Motion]을 선택합니다.

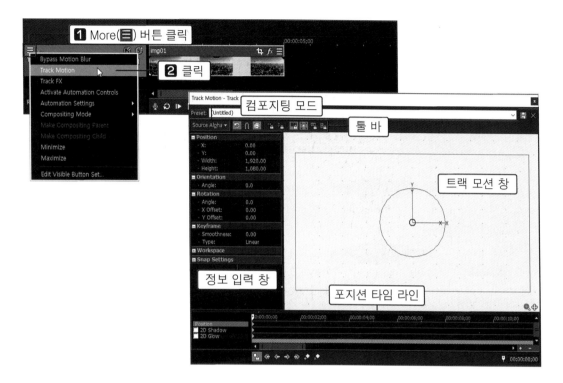

■ 트랙 모션 창

트랙 모션 창을 조정하여 화면의 위치, 크기, 각도 등의 조절이 가능합니다. 단, 트랙 모션에서 변경하는 내용은 트랙에 있는 전체 이벤트에 적용되기 때문에 이점을 주의하여 사용해야 합니다. 이벤트 각각의 위치, 크기 등을 변경하려면 이벤트 팬/크롭을 사용합니다.

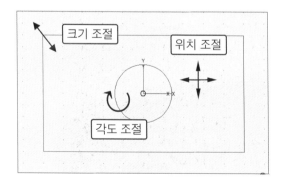

- **크기 조절** : 창의 사각형 모서리에 마우스를 위치시킨 후, 드래그하여 조절합니다.
- **각도 조절** : 원 위에 마우스를 위치시킨 후, 마우스로 각도를 조절합니다.
- **위치 조절** : 사각형 안에 마우스를 위치시켜 드래그하여 이동시킵니다.

■ 정보 입력 창

현재 화면의 정보를 확인하거나 직접 값을 입력할 수 있는 창으로, 정확한 수치를 입력해야 할 때 이 창을 통해 직접 입력합니다.

• Position : 화면의 위치(X, Y)와 화면의 가로(Width), 세로(Height) 사이즈를 입력하는 창입니다.

• Orientation : 수치를 입력하여 화면의 각도를 조절할 수 있습니다.

• Rotation : Orientation과 같이 화면의 각도, 회전을 조절하지만, 중심을 축으로 회전하는 Orientation과 다르게 회전축을 변경할 수 있습니다.

• Keyframe : Smoothness 수치를 높일수록 키프레임에 적용한 속성들이 더욱 부드럽게 표현되며, Type을 변경하여 점점 빠르게 나타나거나 점점 느리게 나타나는 등의 형식을 변경할 수 있습니다.

• Workspace : 창의 작업 환경을 설정합니다.

• Snap Settings : Grid에 관한 설정 창입니다.

■ 툴 바

트랙 모션에서 사용할 수 있는 툴 바입니다.

툴	이　름	기　능
	Enable Rotation	화면을 회전하기 위해 선택합니다.
	Enable Snapping to Grid	화면 위치 변경 시 Grid 단위로 이동하게 합니다.
	Edit in Object Space	버튼을 선택 시 카메라 공간이 아닌 해당 개체를 자체적으로 편집할 수 있게 합니다.
	Prevent Movement (X)	좌우 이동이 불가능해집니다.
	Prevent Movement (Y)	상하 이동이 불가능해집니다.
	Lock Aspect Ratio	크기 조절 시 가로 세로 비율이 일정하게 조절됩니다.
	Scale About Center	크기 조절 시 화면 중심을 기준으로 조절됩니다.
	Prevent Scaling (X)	가로 크기가 고정되어 크기 조절이 불가능해집니다.
	Prevent Scaling (Y)	세로 크기가 고정되어 크기 조절이 불가능해집니다.

■ 컴포지팅 모드(Compositing Mode)

트랙과 트랙을 합성시킬 때 사용되는 기능으로 두 개 이상의 트랙을 합쳐 다양한 효과를 설정할 수 있습니다. 기본적으로 [Source Alpha]로 설정이 되어 있으며, 트랙 모션에서는 3D로 영상 편집을 할 때 [3D Source Alpha] 모드를 사용해서 입체적으로 화면을 편집할 수 있습니다.

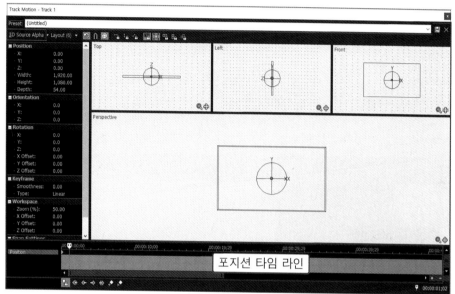

[3D Source Alpha 모드 화면]

■ 포지션 타임 라인

이벤트 팬/크롭의 타임 라인과 같이 시간의 흐름에 따라 변화하는 애니메이션 효과를 줄 때 사용되며, 그 외에도 화면에 그림자와 테두리를 만들 때에도 사용됩니다.

② 그림자 효과(Shadow effect)와 글로우 효과(Glow effect)

트랙 모션 타임 라인의 [2D Shadow]와 [2D Glow]를 사용해 각각의 효과를 구현해 보겠습니다.

■ 그림자 효과(Shadow effect)

그림자 효과를 확인하기 위해 배경을 하얀색으로 만들어 준 뒤 그림자를 만들겠습니다.

[Media Generators] - [Solid Color] - [White]를 드래그하여 트랙에 놓아줍니다. Media Generators 창은 닫기(⬛) 버튼을 눌러 닫아 줍니다.

Ctrl + Shift + Q로 트랙을 하나 더 추가한 뒤에, 위의 1번 트랙에 [Explorer] 탭에서 [바탕 화면]의 [VEGAS Pro 16] - [Lesson09] 폴더의 [img01]을 추가해 줍니다.

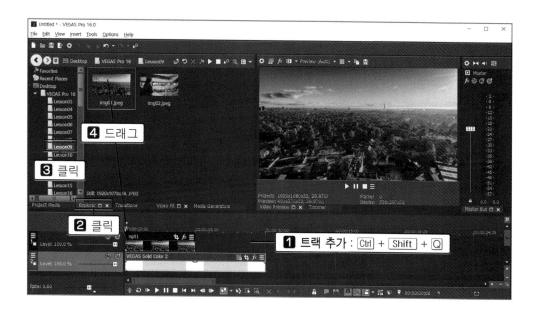

img01을 트랙에 넣었으면 왼쪽 트랙 리스트에서 More(☰) 버튼을 클릭하여 [Track Motion]을 선택합니다.

화면에 그림자가 보이도록 트랙 모션 창을 마우스로 드래그하여 조정해 이미지 크기를 줄여 줍니다.

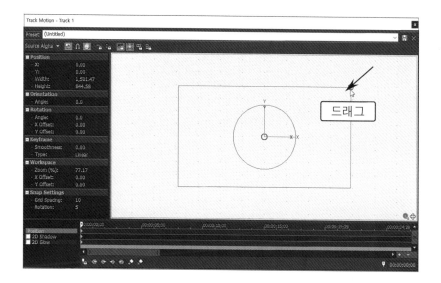

하단 타임 라인의 [2D Shadow]를 클릭한 뒤 그림자 효과의 세부 설정을 변경해 줍니다. 설정이 끝난 후에 닫기(✕) 버튼을 눌러 트랙 모션을 닫은 후 결과 화면을 확인합니다.

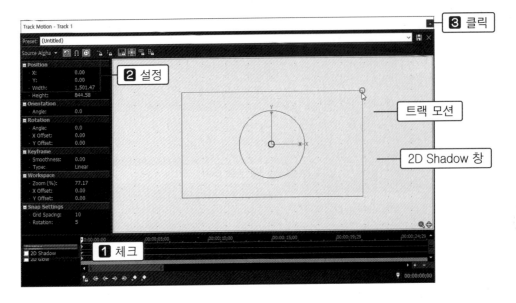

- Blur(%) : 가장자리를 부드럽게 하는 값을 설정합니다. 값이 커질수록 흐릿함이 넓어집니다.
- Intensity(%) : 값이 커질수록 그림자가 더 진하게 표시됩니다.
- Color : 그림자의 색상을 선택할 수 있습니다.
- 2D Shadow 창 : 마우스로 드래그하여 그림자의 위치나 크기를 조정할 수 있습니다.

[2D Shadow를 적용한 화면]

[VEGAS Pro 16] - [Project] - [lesson09_01.veg]
[VEGAS Pro 16] - [완성영상] - [lesson09_01.wmv]

■ 글로우 효과(Glow effect)

그림자 효과와 동일하게 [img01]의 트랙 모션에서 하단의 2D Glow를 클릭합니다. 세부 설정 방법은 그림자 효과와 동일합니다. 설정을 변경한 뒤 닫기(■) 버튼을 눌러 트랙 모션 창을 닫아 줍니다.

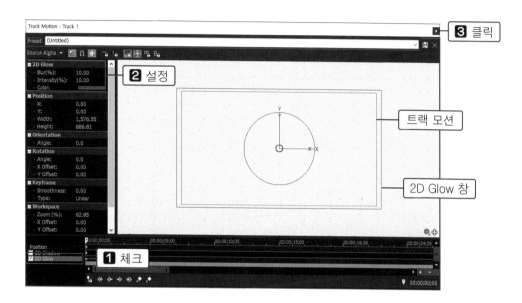

[2D Glow를 적용한 화면]

[VEGAS Pro 16] - [Project] - [lesson09_02.veg]
[VEGAS Pro 16] - [완성영상] - [lesson09_02.wmv]

INFO   [2D Shadow]와 [2D Glow]의 차이점

2D Shadow(그림자)와 2D Glow(빛)은 거의 비슷하지만 2D Glow의 가장자리 부분이 조금 더 밝다는 차이가 있습니다.

❸ 3D Source Alpha 사용하기

일반적으로 가로, 세로의 2차원 공간에서 편집을 하는데 3D Source Alpha를 사용하게 되면 3차원의 입체적인 공간에서 편집을 할 수 있습니다. 트랙 모션의 3D Source Alpha를 사용하여 3D 공간에서의 편집을 살펴보겠습니다.

새 프로젝트, [Explorer] 탭에서 [바탕 화면]의 [VEGAS Pro 16]–[Lesson09] 폴더의 [img02] 파일을 불러옵니다. 그 다음 좌측 트랙 리스트에서 트랙 모션을 선택해 열어 줍니다.

트랙 모션 창의 상단의 컴포지팅 모드를 선택하여 [Source Alpha]를 [3D Source Alpha]로
모드를 변경해 줍니다. 이렇게 하면 3D로 편집할 수 있도록 트랙 모션 창이 변경됩니다.

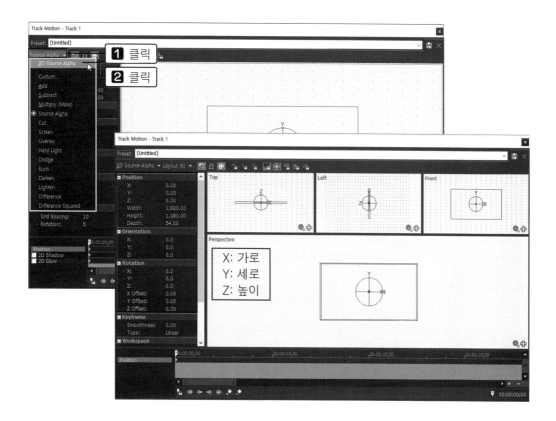

이전의 트랙 모션 창이 X, Y 축으로만 이뤄져 있었다면 높이를 나타내는 Z축이 추가로 생긴
것을 확인할 수 있습니다.

• **Position** : X, Y, Z 값을 변경하여 위치 값을 변경하고, Width(가로), Height(세로), Depth
  (높이) 값을 변경하여 화면의 크기를 변경할 수 있습니다.

• **Orientation** : X(상하), Y(좌우), Z(좌우 회전) 값으로 화면의 기울기를 조정할 수 있습니다.

• **Rotation** : Orientation과 같이 화면의 기울기를 조정할 수 있고, Offset 값으로 회전축을 변
  경할 수 있습니다. 회전축은 수치 입력으로만 변경이 가능합니다.

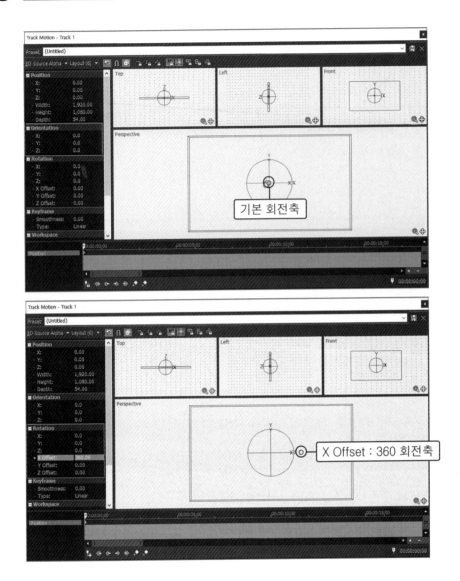

수치를 직접 입력하지 않고, 3D 트랙 모션 창을 마우스로 드래그하는 방법으로도 위치, 크기, 각도 등을 변경할 수 있습니다.

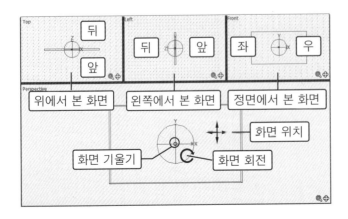

에디트 라인을 4.29초(끝부분)로 이동시키고 [Orientation]의 X와 Z에 −180 값을 설정해 줍니다. 설정이 끝나면 창을 닫고 재생하여 확인합니다.

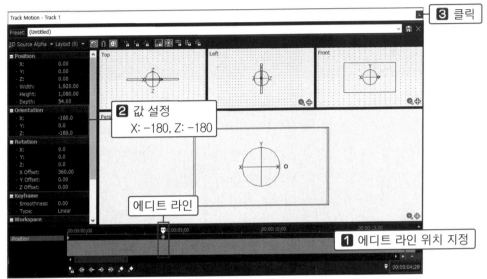

[3D Source Alpha를 사용한 화면 예시]

[VEGAS Pro 16] - [Project] - [lesson09_03.veg]
[VEGAS Pro 16] - [완성영상] - [lesson09_03.wmv]

Lesson

10

마스크(Mask) 기능 알아보기

마스크(Mask)는 화면에서 특정 부분을 투명하게 표시하여, 투명해진 공간에 다른 이미지나 영상을 삽입하여 효과를 만드는 기능입니다. 마스크 기능은 크게 두 가지로 구분할 수 있는데, 화면에 지정된 부분만 보이게 하고 나머지는 투명하게 만드는 Positive Mode와 반대로 지정한 부분을 투명하게 보여주는 Negative Mode로 나뉩니다.

1 마스크(Mask) 메뉴 구성

마스크는 이벤트 팬/크롭(Event Pan/Crop)에서 사용이 가능한 기능입니다.

새 프로젝트에서 [Explorer]를 선택하여 [바탕 화면]의 [VEGAS Pro 16] - [Lesson10] - [img01]을 가져온 뒤 이벤트 팬/크롭(⬛) 버튼을 눌러 줍니다.

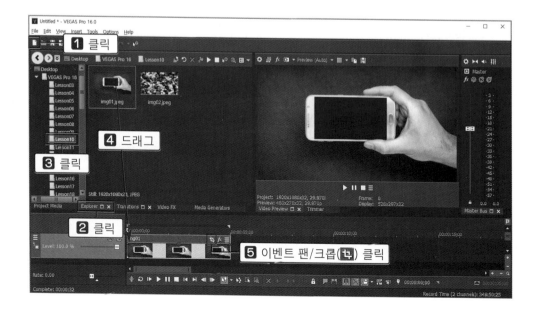

이벤트 팬/크롭 창 하단의 [Mask]를 클릭하여 체크해 주면 마스크 설정 화면으로 전환됩니다.

■ 마스크 툴 바

마스크 화면에서 사용할 수 있는 툴입니다.

툴	이　름	기　능
⚙	Show Properties	마스크 설정 창을 숨기거나 보이게 합니다.
▶	Normal Edit Tool	마스크 화면에서 사용되는 기본 툴입니다.
✎	Anchor Creation Tool	클릭하여 마스크 영역을 직접 설정할 때 사용합니다.
✎	Anchor Deletion Tool	마스크 영역의 앵커 포인트를 삭제합니다.
▷	Split Tangent Tool	앵커 포인트를 클릭하면 조절 핸들이 생기는데 이 핸들로 마스크 영역을 다양하게 변형할 수 있습니다.
▢	Rectangle or Square Mask Creation Tool	사각형으로 마스크 영역을 만들 때 사용합니다.
○	Oval or Circle Mask Creation Tool	원형으로 마스크 영역을 만들 때 사용합니다.
🔍	Zoom Edit Tool	작업 화면을 확대하거나 축소시킵니다.
∩	Enable Snapping	앵커 포인트 위치 변경 시 그리드에 맞춰 이동합니다.
✛	Move Tool	클릭할 때마다 앵커 포인트의 위치를, 자유롭게 / X축으로만 / Y축으로만 이동이 가능하도록 합니다.

■ 마스크 설정 창

- [Mask] Apply to FX : Yes와 No 중 선택하여 효과를 적용할지 설정합니다.
- [Position] X, Y : 마스크의 위치를 표시하고 설정합니다.

- [Path]
  - Mode : Positive / Negative / Disabled의 마스크 모드를 선택합니다.
  - Anti alias : 마스크 영역 외곽의 매끄러움을 선택합니다.
  - Opacity(%) : 마스크 영역의 불투명도를 조절합니다.
  - Feather type / Feather (%) : 마스크 영역 외곽의 부드러움을 설정하는 메뉴로 In / Out / Both 세 가지의 모드 중 선택이 가능하며, Feather (%)에서 값을 설정합니다.

마스크 Mode의 차이점

- Positive : 마스크를 지정한 부분만 보이고, 이외의 부분은 투명하게 표시합니다. 따라서 마스크로 지정한 이벤트 아래에 다른 이벤트를 배치하면 마스크 영역 밖에 나타나게 됩니다.

마스크 아래 이미지

- Negative : 마스크를 지정한 부분을 투명하게 표시합니다. 마스크로 지정한 이벤트 아래에 다른 이벤트를 배치하면 지정한 마스크 영역 안에 나타나게 됩니다.

마스크 아래 이미지

- Disabled : 마스크를 지정한 영역의 안과 바깥 부분을 모두 투명하게 처리합니다.

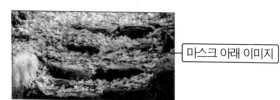
마스크 아래 이미지

❷ 마스크(Mask) 사용 방법 배우기

마스크를 사용한 간단한 예제를 통해, 마스크 사용 방법을 배우겠습니다.

❶ [img01] 이벤트의 이벤트 팬/크롭(🔁)을 클릭한 후, 창이 열리면 하단의 [Mask]를 체크합니다.

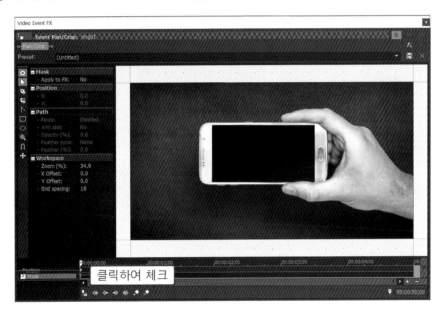

❷ 마스크 툴 바에서 Rectangle or Square Mask Creation Tool(▣)을 선택합니다. 그 다음 화면 속 핸드폰의 화면을 따라 마우스로 드래그하여 마스크 영역을 생성해 줍니다.

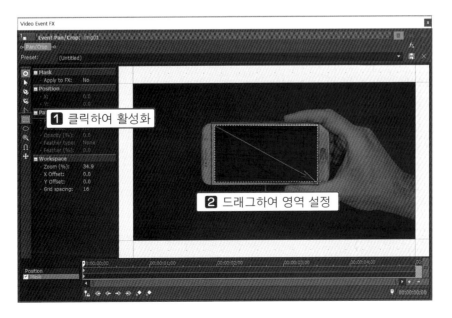

❸ 핸드폰 화면 안쪽 내용 이외의 내용은 보여야 하기 때문에 [Mode]를 Negative로 변경합니다. 설정이 끝났다면 닫기(✖) 버튼을 눌러 [Video Event FX] 창을 닫아 줍니다.

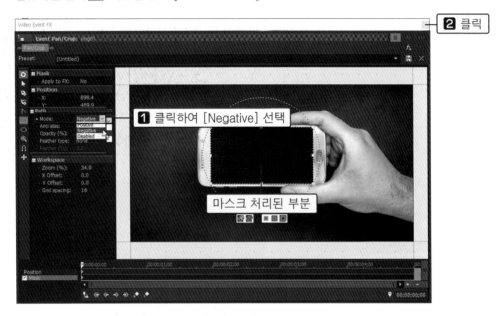

❹ [Explorer] 탭에서 [바탕 화면]의 [VEGAS Pro 16] - [Lesson10] 폴더 - [img02]를 1번 트랙 아래 빈 공간으로 드래그합니다. 이렇게 하면 자동으로 1번 트랙 아래에 새로운 트랙이 생성됩니다.

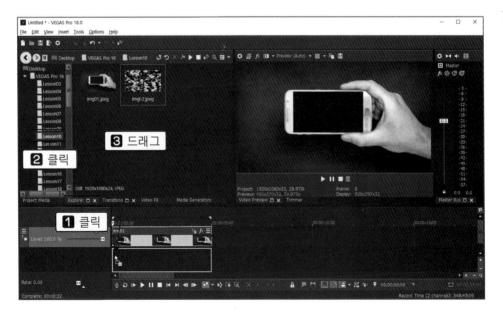

5 그렇게 하면 마스크 영역인 핸드폰 화면 안에 [img02]가 보이게 됩니다.

[원본]

[마스크를 적용한 결과 화면]

[VEGAS Pro 16] - [Project] - [lesson10.veg]
[VEGAS Pro 16] - [완성영상] - [lesson10.wmv]

Lesson

11 Compositing(합성) Mode 알아보기

Compositing Mode(합성 모드)란, 두 개 이상의 트랙을 합쳐서 다양한 효과를 줄 수 있는 기능입니다.

❶ Parent Track - Child Track 개념 이해하기

두 개 이상의 트랙을 합칠 때 Make Compositing Child 기능을 사용하면 부모 트랙(Parent Track)과 자녀 트랙(Child Track)으로 트랙을 묶을 수 있습니다. 부모-자녀 트랙으로 묶을 경우 한 번에 효과 적용이 가능하게 됩니다.

① 메뉴 [File] - [New]를 클릭하여 새로운 프로젝트 HD 1080-60i (1920x1080, 29.970 fps)를 만들고, [Media Generators] 탭의 [Solid Color] – [White]를 드래그하여 넣어 줍니다. [Video Media Generators] 창은 닫기(▣) 버튼을 눌러 닫아 줍니다.

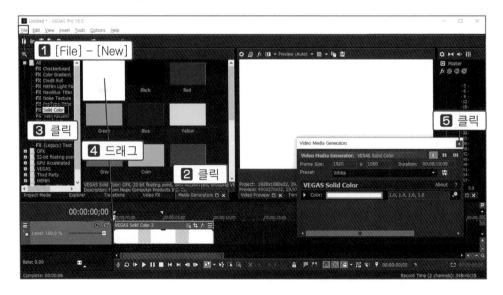

② Ctrl+Shift+Q를 두 번 눌러서 새 트랙을 2개 추가해 줍니다. 그 다음 [Explorer] 탭에서 [바탕 화면]의 [VEGAS Pro 16] - [Lesson11] 폴더에서 [img01], [img02]를 각각 드래그하여 트랙에 넣어 줍니다. [img01], [img02]는 투명 처리된 png 파일이므로 숫자 부분 외에는 겹쳐도 아래 이미지가 표시됩니다.

③ 2번 트랙의 More(≡) 버튼을 클릭한 다음 [Make Compositing Child]를 선택하여, 2번 트랙을 1번 트랙의 Child Track(자녀 트랙)으로 만들어 줍니다.

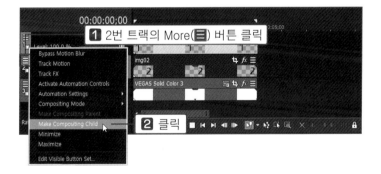

그러면 1번 트랙은 Parent Track(부모 트랙)이 되고, 2번 트랙은 Child Track(자녀 트랙)이 되어 1번 트랙에 속하게 됩니다. 두 트랙은 하나로 묶인 것과 같기 때문에 Parent Track(부모 트랙)을 조정할 경우 Child Track(자녀 트랙)도 함께 조정됩니다.

④ Parent Track(부모 트랙)의 Parent Motion(▣)을 클릭합니다.

⑤ Parent Track Motion 창의 정보 입력 창에서 Width와 Height 값을 2,000으로 입력합니다.

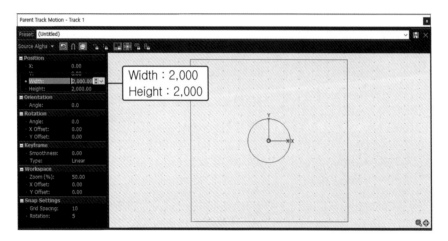

⑥ 타임 라인의 에디트 라인을 4초로 옮긴 뒤, 마우스 오른쪽 버튼(🖱)을 클릭해서 [Restore Box]를 선택합니다. 설정이 끝나면 닫기(✖) 버튼을 눌러 창을 닫아 줍니다.

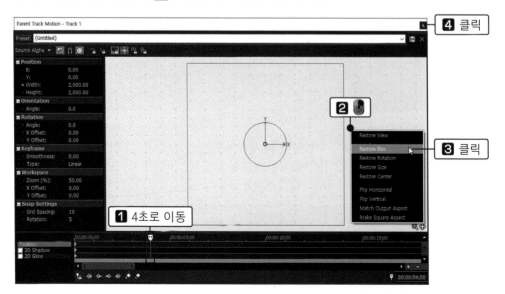

⑦ 편집한 영상을 재생하여 결과를 확인해 보면 1번 트랙의 숫자 '1'과 2번 트랙의 숫자 '2'가 함께 점점 작아지는 효과를 확인할 수 있습니다. 이처럼 Parent(부모) – Child(자녀)로 묶인 트랙의 경우, 효과를 적용하면 함께 그 효과가 적용됩니다.

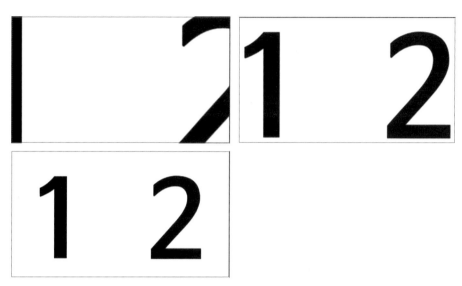

[VEGAS Pro 16] – [Project] – [lesson11_01.veg]
[VEGAS Pro 16] – [완성영상] – [lesson11_01.wmv]

ℹ INFO 　Parent(부모) – Child(자녀) Track 해제하기

Parent Track(부모 트랙) - Child Track(자녀 트랙)으로 묶인 트랙을 처음과 같은 상태로 해제하려면 자녀 트랙(Child Track)의 More(☰) 버튼을 클릭한 후, [Make Compositing Parent]를 선택합니다.

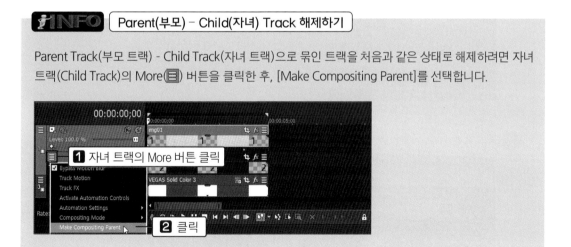

② Compositing Mode(합성 모드) 적용 방법

Compositing Mode(합성 모드)란, 두 개 이상의 트랙을 서로 겹쳐 밝기, 색상, 채도 등의 효과를 적용하는 방법입니다. 영상 소스나 이미지 소스를 합성할 때 Compositing Mode(합성 모드)를 활용하기도 합니다.

❶ 새로운 프로젝트 HD 1080-60i (1920x1080, 29.970 fps)를 만들고, [Explorer] 탭을 클릭하여 [바탕 화면]의 [VEGAS Pro 16] − [Lesson11]의 [img03]과 [img04]를 마우스로 드래그하여 순서대로 트랙에 놓아줍니다.

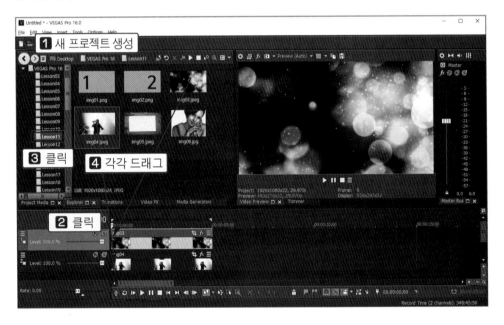

❷ 1번 트랙의 More(☰) 버튼을 클릭한 뒤 [Compositing Mode]를 선택, 화면의 검정색과 같이 어두운 부분을 투명하게 표현해 주는 [Lighten]을 선택해 줍니다.

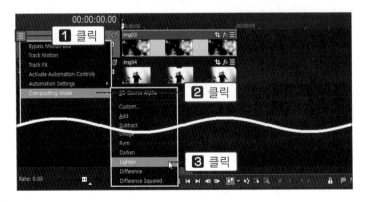

[Compositing Mode – Lighten 적용 후]   [Compositing Mode – Lighten 적용 전]

[VEGAS Pro 16] - [Project] - [lesson11_02.veg]
[VEGAS Pro 16] - [완성영상] - [lesson11_02.wmv]

③ 크로마키(Chroma Keyer) 효과 적용 방법

크로마키 기법이란, 합성 시 화면의 특정한 색을 제거하여 그 부분에 다른 화면이 보이게 만드는 기법입니다. 영상 속 CG를 넣을 때 특히 많이 사용되는 기법으로 하나의 색으로 이뤄진 배경 앞에서 촬영을 한 뒤, 편집 시 배경색을 없앤 부분에 CG를 넣어 편집합니다.

① 새로운 프로젝트 HD 1080-60i (1920x1080, 29.970 fps)를 만들고, [Explorer] 탭에서 [바탕 화면] – [VEGAS Pro 16] – [Lesson11] 폴더의 [img05]를 1번 트랙에, [img06]은 2번 트랙에 넣어 줍니다.

② [Video FX] 탭의 [Chroma Keyer] - [Default]를 마우스로 드래그하여 1번 트랙의 이미지 [img05]에 넣어 줍니다.

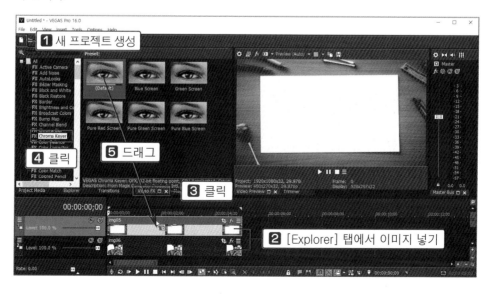

❸ [Video Event FX] 창의 [Color] 부분을 클릭한 뒤, 스포이드(🖉) 아이콘을 선택합니다. 그 다음 프리뷰 화면에서 투명하게 만들고 싶은 부분을 클릭합니다.

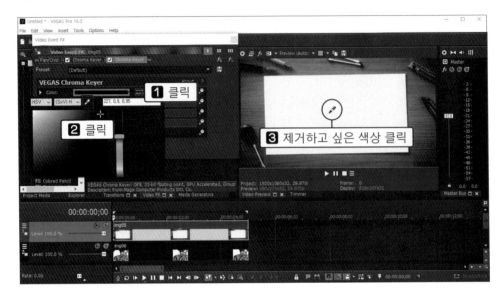

❹ 완벽하게 색상을 제거하기 위해서 [Low threshold] 값을 0.400으로, [High threshold] 값을 0.700으로 변경해 준 다음 닫기(🗙) 버튼으로 설정 창을 닫아 줍니다.

선택한 흰색 부분이 제거되고, 아래에 있던 그림 이미지와 합성된 것을 확인할 수 있습니다.

[원본]　　　　　　　　　　　　　　　　[크로마키 적용 후]

[VEGAS Pro 16] - [Project] - [lesson11_03.veg]
[VEGAS Pro 16] - [완성영상] - [lesson11_03.wmv]

■ 크로마키(Chroma Keyer) 설정 창

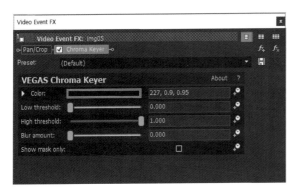

- Color : 제거할 색상을 선택합니다.
- Low threshold : 밝기 범위를 조정합니다. 설정한 값보다 작은 값을 가진 범위가 투명해집니다.
- High threshold : 설정한 값보다 높은 값을 가진 범위가 불투명하게 표현됩니다.
- Blur amount : 값이 클수록 경계면이 흐릿하고 부드럽게 표현됩니다.
- Show mask only : 마스크 영역만 보여줍니다.

Lesson 12 기본 자막 만들기

영상을 더욱 쉽고 재미있게 이해할 수 있도록 해주는 자막은 최근 영상 편집에 있어서 빠질 수 없는 중요한 요소 중 하나입니다. 이번 레슨에서는 이러한 자막을 간편하게 만들 수 있는 2가지 기능에 대해 배우겠습니다.

❶ 기본적인 자막 만들기, (Legacy) Text

가장 기본적인 자막 기능으로 간단하게 자막을 넣고 수정할 때 사용합니다.

■ 자막 입력 방법

❶ 메뉴 [File] - [New]를 클릭하여 새로운 프로젝트 HD 1080-60i (1920x1080, 29.970 fps)를 만들고, [Media Generators] 탭을 클릭한 후 [(Legacy) Text]를 선택, [기본 텍스트]를 마우스로 드래그하여 트랙에 넣어 줍니다.

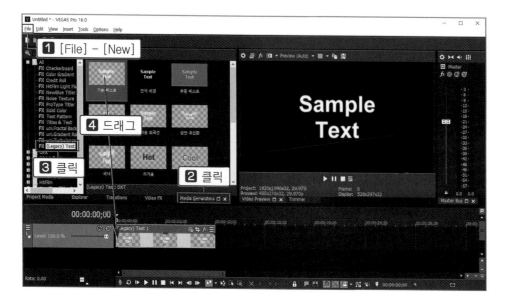

② 글자 입력 창을 클릭한 뒤에 Ctrl + A를 눌러 'Sample Text' 전체를 선택한 후, 원하는 글자를 입력합니다.

③ [Edit] 탭의 상단 부분에서 글꼴, 크기, 굵게/기울임, 문단 정렬 설정을 변경해 줍니다. 닫기(x) 버튼을 눌러 창을 닫아 줍니다.

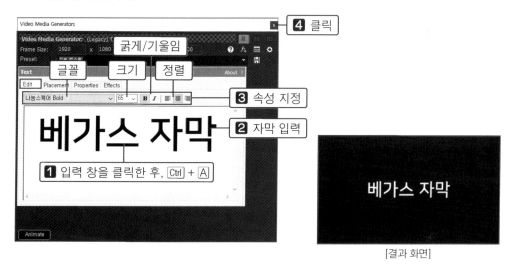

[결과 화면]

■ 한글 입력 시 오류 해결 TIP

베가스의 경우 한글이 공식 지원되지 않아 한글 자막을 입력할 때 오류가 발생하는 경우가 있습니다. 이럴 땐 상단의 Preset 부분을 활용하면 편리하게 한글 입력이 가능합니다.

Preset 부분을 클릭한 뒤 원하는 자막을 입력한 다음, Ctrl + A 또는 마우스로 드래그하여 자막을 선택해 줍니다. 그 다음 Ctrl + C로 복사한 후, 자막 입력 창을 클릭하고 Ctrl + V로 붙여 넣기합니다.

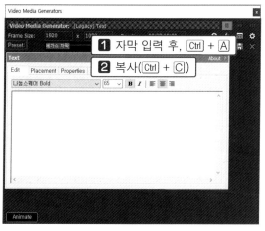

i INFO Preset 기능

Preset의 기능은 자주 사용하는 효과를 저장한 다음, 이를 반복하여 사용할 때 편리하게 불러오기 위한 기능입니다. 위의 경우 한글 타이핑시 받침이 밀리는 등의 불편함을 줄이기 위해 Preset 공간을 활용하는 것으로, 이는 하나의 TIP일뿐 Preset이 가진 원래의 기능이 아님을 구분하도록 합니다.

■ 자막 수정

자막 입력을 마친 후, 다시 자막을 수정하려면 이벤트 상단의 Generated Media..(🖼) 아이콘을 클릭, 설정 창을 다시 열어 수정합니다.

■ 자막 위치 조정 방법

자막의 위치를 조정하려면 이벤트 팬/크롭을 사용할 수도 있지만, [(Legacy) Text] 설정 창의 [Placement] 탭을 클릭한 후, 마우스로 드래그하여 자막 위치를 조정할 수 있습니다.

조금 더 정확하게 위치 조정을 할 때는 상단의 X, Y 값을 직접 입력하여 조정합니다.

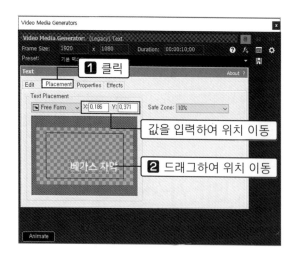

■ 자막 설정

[Properties] 탭을 선택하면 자막의 색상, 간격 등을 설정할 수 있습니다.

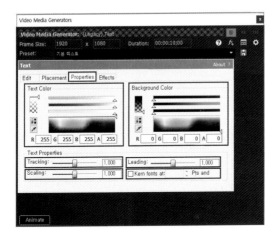

- **Text Color** : 글자 색과 투명도를 조정합니다. 글자 색은 마우스로 조정하거나 직접 값을 입력하여 조정할 수도 있습니다.
- **Background Color** : 배경 색과 투명도를 조정합니다.
- **Tracking** : 글자 간격을 조절합니다.
- **Scaling** : 글자 크기를 조정합니다.
- **Leading** : 자막의 줄 간격을 조정합니다.
- **Kern fonts at** : 체크하면 문자 간격을 자동으로 조정합니다.

■ 자막 효과 설정

[Effects] 탭을 클릭하면 자막의 다양한 효과를 설정할 수 있습니다.

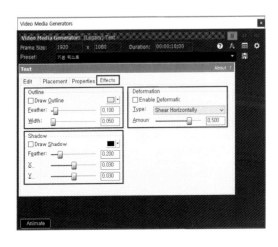

- **Draw Outline** : 체크 박스를 선택하면 글자에 윤곽선이 생깁니다. 윤곽선의 색상도 이곳에서 설정합니다.
- **Feather** : 윤곽선의 흐림 정도를 조정합니다.
- **Width** : 윤곽선 두께를 설정합니다.
- **Draw Shadow** : 체크 박스를 선택하면 그림자가 생깁니다. 그림자 색상 설정도 가능합니다.
- **Feather** : 그림자의 흐림 정도를 조정합니다.
- **X / Y** : 그림자의 가로, 세로 위치를 조정합니다.

- **Enable Deformation** : 체크 박스를 선택하면 글자 변형 효과가 적용됩니다.
- **Type / Amount** : 변형 효과의 종류와 값을 선택합니다.

❷ 애니메이션 효과를 적용한 Titles & Text

Media Generators에 있는 또 다른 자막 기능인 [Titles & Text]는 기본적인 자막 효과에, 자막 애니메이션 효과를 함께 적용할 수 있습니다.

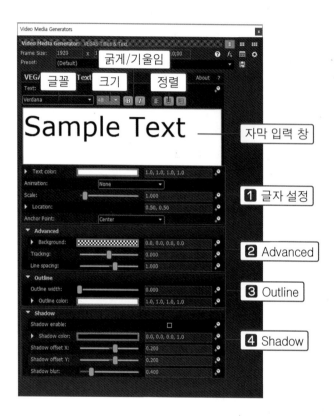

1) 글자 설정

- **Text Color** : 글자 색상을 선택합니다.
- **Animation** : 자막에 적용할 애니메이션 효과를 선택합니다.
- **Scale** : 자막의 크기를 조정합니다.
- **Location** : 자막의 위치를 조정합니다.
- **Anchor Point** : 자막의 중심점을 설정합니다. 중심점을 기준으로 글자가 입력되고, Scale을 조정할 때도 이 중심점을 기준으로 조정됩니다.

2) Advanced

- Background : 글자의 배경색을 설정합니다.
- Tracking : 글자 간격을 조정합니다.
- Line spacing : 줄 간격을 조정합니다.

3) Outline

- Outline width : 글자 외곽선 두께를 설정합니다.
- Outline color : 글자 외곽선의 색상을 선택합니다.

4) Shadow

- Shadow enable : 체크 박스를 선택하면 글자에 그림자를 표시합니다.
- Shadow color : 그림자 색상을 선택합니다.
- Shadow offset X, Y : 그림자의 가로(X), 세로(Y) 위치를 설정합니다.
- Shadow blur : 그림자의 흐림 정도를 조정합니다.

■ Titles & Text 사용 방법

Titles & Text를 사용하여 영상 위에 애니메이션 효과가 들어간 자막을 넣어 보겠습니다.

① 새로운 프로젝트(1920×1080)를 만들고, [Explorer] 탭을 선택하여 [바탕 화면]의 [VEGAS Pro 16] – [Lesson12] 폴더에서 [video01] 파일을 트랙으로 드래그합니다.

② Ctrl+Shift+Q를 눌러 새로운 트랙을 추가해 준 다음, [Media Generators] 탭에서 [Titles & Text]의 [Default]를 클릭, 1번 트랙으로 드래그합니다.

ℹ️INFO 간편한 Titles & Text 추가 방법

트랙에서 [마우스 오른쪽 버튼 클릭(🖱️)] - [Insert Text Media]를 선택하면 간편하게 [Titles & Text] 자막을 추가할 수 있습니다.

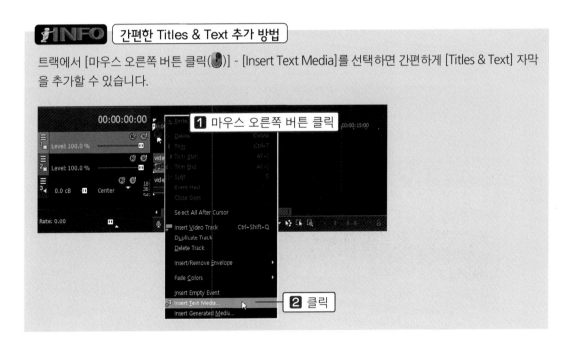

3 [Video Media Generators] 창이 뜨면 글자 입력 창에 있는 'Sample Text'를 지우고 원하는 자막을 입력합니다. 입력한 자막을 마우스로 드래그하여 전체 선택한 뒤 글꼴, 글자 크기 등을 설정합니다.

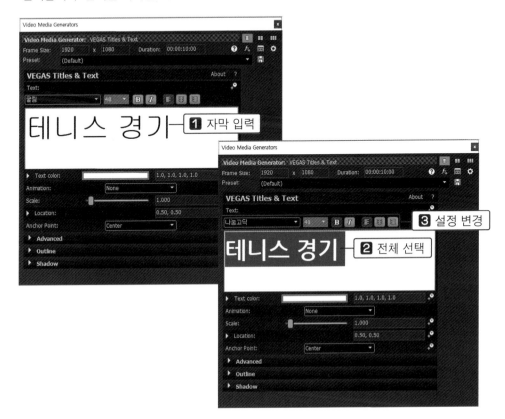

④ 글자 색상 변경을 위해서 [Text color]를 클릭하여 원하는 색상을 선택해 줍니다. 그 다음 [Animation]을 클릭하여 원하는 효과를 선택합니다.

⑤ 자막의 위치를 변경하기 위해서 미리 보기 화면에 보이는 사각형의 자막 틀을 마우스로 드래그하여 조정합니다.

⑥ 자막의 외곽선과 그림자 효과를 지정하고 싶으면 하단의 [Outline]과 [Shadow] 세부 설정 창을 열어 조정해 줍니다. 모든 설정이 끝나면 닫기(■) 버튼을 눌러 창을 닫아 줍니다.

⑦ 영상을 재생(▶)시키면 애니메이션 효과가 적용된 자막을 확인할 수 있습니다.

[VEGAS Pro 16] - [Project] - [lesson12.veg]
[VEGAS Pro 16] - [완성영상] - [lesson12.wmv]

Lesson

13 고급 자막 만들기, ProType Titler

프로타입 타이틀러(ProType Titler)는 앞서 배운 두 종류(Legacy Text, Titles & Text)의 자막보다 많은 기능을 가지고 있기 때문에 더 세밀하고 고급스러운 자막을 만들 때 사용됩니다.

❶ 프로타입 타이틀러의 화면 구성

아래는 [Media Generators] 탭의 [ProType Titler] - [Empty]의 화면입니다.

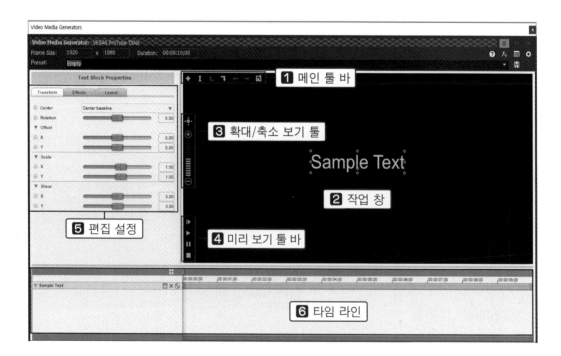

■ 메인 툴 바

툴	이 름	기 능
✚	Add New Text Block	새로운 자막을 입력할 때 클릭합니다.
Ⅱ	Edit Text	입력한 자막을 편집할 때 클릭합니다.
⌐	Navigate to Parent	블록이 글자 → 단어 → 문장 단위로 선택되는데 Navigate to Parent를 한번 클릭할 때마다 한 단계 큰 단계로 선택됩니다.
⌐	Navigate to Child	한번 클릭할 때마다 한 단계 작은 단계로 선택됩니다.
←	Navigate to Previous Peer	앞에 있는 블록이 선택됩니다.
→	Navigate to Next Peer	뒤에 있는 블록이 선택됩니다.
☑	Lock Aspect	체크가 되어 있는 상태에서 자막 크기를 변경 시 글자의 가로 세로 비율이 유지됩니다.

INFO [Navigate to ～] 기능의 이해

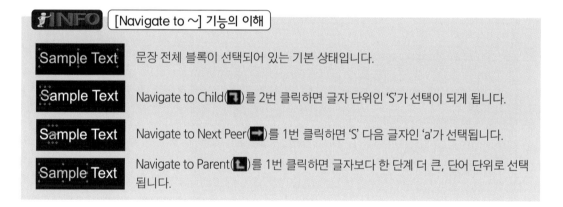

문장 전체 블록이 선택되어 있는 기본 상태입니다.

Navigate to Child(⌐)를 2번 클릭하면 글자 단위인 'S'가 선택이 되게 됩니다.

Navigate to Next Peer(→)를 1번 클릭하면 'S' 다음 글자인 'a'가 선택됩니다.

Navigate to Parent(⌐)를 1번 클릭하면 글자보다 한 단계 더 큰, 단어 단위로 선택됩니다.

■ 작업 창(Workspace)

작업 창에서는 텍스트 블록을 추가하여 글자를 입력하거나 편집할 수 있습니다.

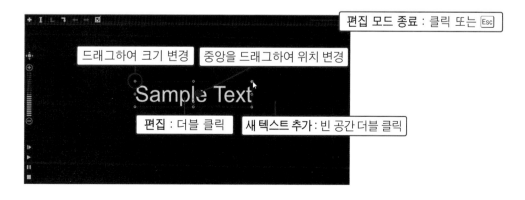

- 작업 창을 더블 클릭하면 편집 모드(Text edit mode)로 변경이 되고, Esc 키를 누르면 편집 모드에서 나가게 됩니다.
- 작업 창의 빈 공간을 더블 클릭하면, 새로운 텍스트 블록이 추가됩니다.
- 입력한 텍스트 블록을 더블 클릭하면, 편집 모드로 변환되어 수정이 가능합니다.
- 자막의 크기를 조정하려면 편집 모드에서 나온 후, 사각 블록 꼭짓점의 포인트를 마우스로 드래그하여 조정합니다.
- 자막의 위치 조정은 텍스트 블록 중앙을 마우스로 드래그하여 조정합니다.

■ 확대 / 축소 보기 툴

툴	이 름	기 능
✥	Pan	버튼을 클릭한 채로 드래그하면 작업 창을 이동시킬 수 있습니다. 더블 클릭하면 원래의 위치로 돌아옵니다.
⊕ / ⊖	Zoom In / Out	작업 창을 확대 / 축소하여 볼 수 있도록 합니다.

■ 미리 보기 툴 바

툴	이 름	기 능
▶	Play from Start	타임 라인 처음 부분부터 재생됩니다.
▶	Play from Cursor	타임 라인의 에디트 라인이 있는 지점부터 재생됩니다.
▮▮	Pause	일시 정지
■	Stop	정지

■ 편집 설정

프로타입 타이틀러는 기본 모드일 때와 편집 모드일 때 설정 메뉴가 다르게 나타납니다.

▶ Text Block Properties: 기본 모드일 때는 텍스트 블록에 관한 설정 항목이 보입니다.

❶ [Transform 탭]

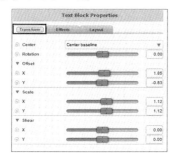

- Center : 텍스트 블록의 위치를 설정합니다.
- Rotation : 텍스트 블록의 각도를 설정합니다.
- Offset X, Y : 텍스트 블록의 가로(X), 세로(Y) 값을 설정하여 위치를 조정합니다.
- Scale X, Y : 텍스트 블록의 가로(X), 세로(Y) 크기를 설정합니다.
- Shear X, Y : 텍스트 블록을 X(수평), Y(수직) 방향으로 기울입니다.

❷ [Effects 탭]

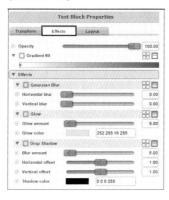

- Opacity : 텍스트 블록의 불투명도를 설정합니다.
- Gradient fill : 체크 박스를 선택하면 그러데이션 효과가 적용됩니다. 하단의 바를 이용해 색상을 변경할 수 있습니다.
- Gaussian Blur : 자막의 흐림 정도를 수평 / 수직 방향으로 설정합니다.
- Glow : 강도와 색상을 선택하여 텍스트가 빛나도록 설정합니다.
- Drop Shadow : 그림자를 설정합니다.

❸ [Layout 탭]

- Vertical orientation : 체크 박스에 체크하면 글자 방향이 세로로 변경됩니다.
- Tracking : 글자 간격을 설정합니다.
- Line spacing : 줄 간격을 설정합니다.
- Selection : 바를 조정하여 글자의 보이는 영역을 설정합니다.
- Selection type : Selection의 단위를 글자, 단어, 줄 단위로 선택합니다.
- Fade selection : 체크되어 있을 경우 자막이 나타날 때 흐릿한 상태에서 점점 선명하게 표현됩니다.
- Path : 자막이 움직이는 경로를 설정합니다.
- Position on path : 움직이는 경로 상에 텍스트 블록의 위치를 설정합니다.
- Wrap around : 반복 여부를 선택합니다.

▶ Span Properties : 텍스트 모드일 때는 글꼴, 글자 크기 등의 설정이 가능합니다.

❶ [Text 탭]

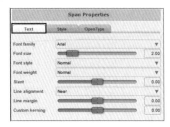

- Font family/size/style : 글꼴/글자 크기/기울기를 설정합니다.
- Font weight : 글자 굵기 정도를 선택합니다.
- Slant : 글자의 좌/우 기울기를 조절합니다.
- Line alignment/margin : 줄 정렬 방식/줄 간격을 지정합니다.
- Custom kerning : 커서를 기준으로 앞뒤 글자의 간격을 조절합니다.

❷ [Style 탭]

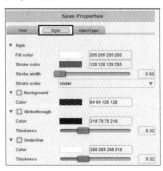

- Fill color : 글자 색을 선택합니다.
- Stroke color/width : 글자 외곽선/두께 색상을 선택합니다.
- Stroke order : 글자 외곽선의 위치를 선택합니다.
- Background : 글자 배경색을 선택합니다.
- Strikethrough : 글자 중간에 선이 나타나게 합니다. 색상과 선의 두께를 설정할 수 있습니다.
- Underline : 밑줄의 색상과 두께를 설정합니다.

❸ [OpenType]

OpenType 글꼴에 관련된 편집 메뉴입니다.

■ 타임 라인

자막에 적용할 수 있는 효과들을 키프레임을 이용하여 시간에 따라 다르게 보이게 만들 때 사용됩니다.

❷ ProType Titler로 특별한 자막 만들기

프로타입 타이틀러를 사용해 자막을 만드는 방법에 대해 알아보겠습니다.

❶ 메뉴 [File] - [New]를 클릭하여 새로운 프로젝트 HD 1080-60i (1920x1080, 29.970 fps)를 만들고, [Media Generators] 탭의 [ProType Titler] - [Empty]를 드래그하여 트랙에 넣어 줍니다.

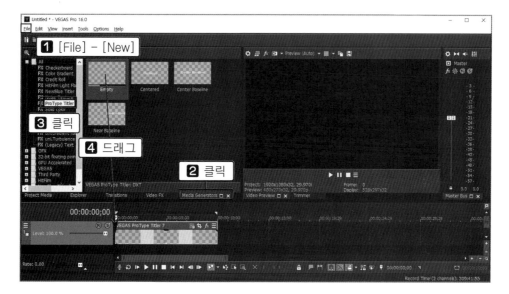

❷ 자막 입력 칸인 검정색 화면 상단의 Add New Text Block(➕) 버튼을 클릭합니다.

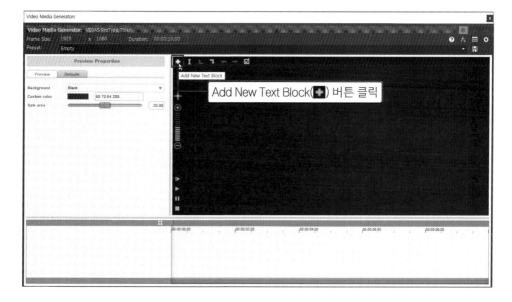

❸ [Text edit mode]로 모드가 바뀌게 됩니다. 왼쪽 설정 창에서 글꼴, 글자 크기 등의 설정을 변경한 뒤에 'Sample Text' 부분에 원하는 글자를 입력해 줍니다.

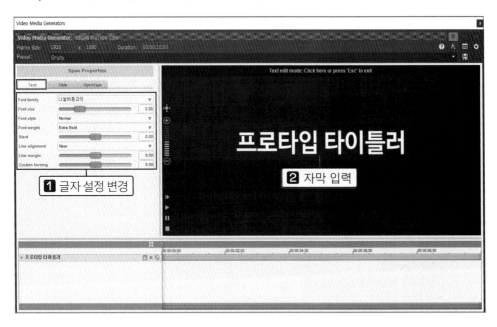

❹ [Style] 탭을 클릭한 다음, 입력한 글자를 마우스로 드래그하여 블록 지정한 상태에서 [Underline] 앞 박스를 체크하여 밑줄을 만들어 줍니다. 밑줄의 색상과 두께도 설정해준 뒤 [Esc] 키를 눌러 편집 모드를 종료합니다.

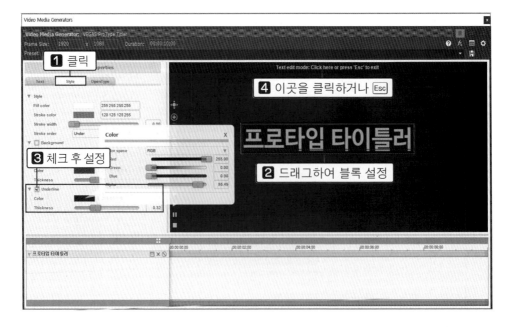

⑤ [Transform] 탭의 [Scale] X, Y 값을 각각 1.50으로 변경하여 전체적인 크기를 키워 줍니다. 그 다음
[Shear]의 Y 값을 -0.30으로 설정하여 기울기를 조정해 줍니다.

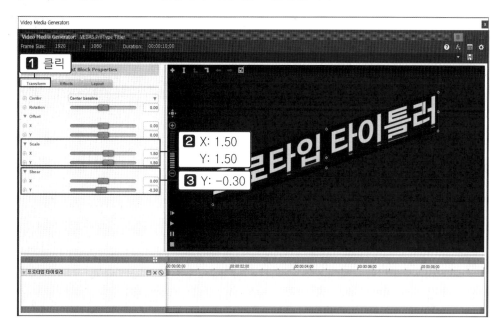

⑥ [Effects] 탭을 클릭, [Glow]를 체크해 줍니다. 그 다음 상세 설정을 열어 [Glow amount] 값을 올려 주고
색상을 선택합니다. 설정이 모두 완료됐다면 닫기(▣) 버튼을 눌러 창을 닫아 줍니다.

[VEGAS Pro 16] - [Project] - [lesson13.veg]
[VEGAS Pro 16] - [완성영상] - [lesson13.wmv]

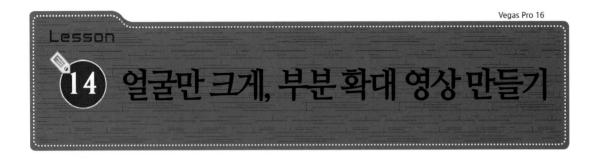

Lesson

14

얼굴만 크게, 부분 확대 영상 만들기

예능에서 얼굴 부분만 확대되는 영상을 자주 접할 수 있습니다. 이번 레슨에서는 마스크 기능을 활용해서 특정 부분이 확대되는 영상을 만들어 보겠습니다.

① 메뉴 [File] - [New]를 클릭하여 새로운 프로젝트 HD 1080-60i (1920x1080, 29.970 fps)를 만들고, [Explorer] 탭을 선택, [바탕 화면]의 [VEGAS Pro 16] – [Lesson14] 폴더의 [video01] 파일을 드래그하여 가져옵니다.

ℹNFO 영상 파일의 오디오

일반적으로 영상 파일은 오디오를 포함하고 있습니다. 따라서 영상 파일을 트랙에 드래그하면 영상과 오디오 트랙 2개가 생성됩니다. 위의 예제는 영상 파일에 오디오가 없어서 트랙에 영상만 나타납니다.

② Ctrl+Shift+Q를 눌러 새 트랙을 추가한 다음, [video01] 이벤트를 Ctrl 키를 누른 채로 새 트랙으로 드래그하여 복사해 줍니다.

iNFO 트랙 복사(Duplicate Track)

위 예제는 트랙을 추가하고 그곳에 이벤트를 복사했습니다. 이것은 이벤트가 있는 기존 트랙을 복사해서 사용하는 방법도 있습니다.(트랙 리스트에서 [마우스 오른쪽 버튼 클릭] - [Duplicate Track]을 선택)

③ 1번 트랙의 이벤트 팬/크롭(🔲)을 열고, [Video Event FX] 창 하단 타임 라인의 [Mask]를 체크해 줍니다.

④ Oval or Circle Mask Creation Tool(◎)을 선택하고 얼굴 부분을 마우스로 드래그하여 마스크를 적용해 줍니다. 외곽선을 더 자연스럽게 하기 위해 [Feather type]을 Both로 선택하고 [Feather (%)] 값을 3.0으로 올려 줍니다.

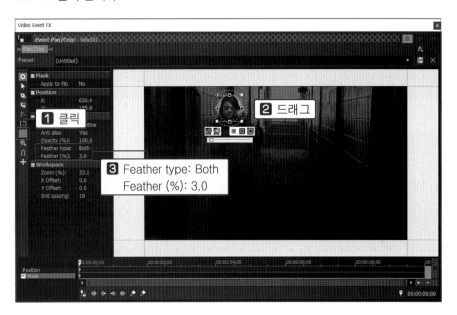

INFO　Feather type과 Feather (%)

Mask를 적용한 부분의 외곽선을 부드럽게 해주는 기능입니다. Feather type은 In / Out / Both 3가지 중 선택이 가능하고, Feather (%) 값이 클수록 외곽선이 더 흐릿하게 표현됩니다.

[Feather type: None]　[Feather type: In / Feather (%): 5.0]　[Feather type: Out / Feather (%): 5.0]　[Feather type: Both / Feather (%): 5.0]

⑤ [Video Event FX] 창 하단 타임 라인에서 [Position]을 클릭하여 이벤트 팬/크롭 편집 창으로 변경합니다. 미리 보기 화면을 확인하면서 조정하기 위해 타임 라인 하단의 Sync Cursor(🔒)를 켜 준 다음, 에디트 라인을 3초 지점으로 이동합니다. 그 다음 미리 보기 화면을 보면서, 포지션 [F]를 조정해 마스크가 적용된 부분을 확대해 주고, 위치를 맞춰 줍니다.

[미리 보기 화면]

⑥ 타임 라인의 에디트 라인을 8초로 이동한 다음, 포지션 [F] 부분에 마우스를 놓고 오른쪽 버튼 클릭(🖱), [Restore]를 선택하여 원본의 크기로 되돌려 줍니다.

7 현재까지 편집된 영상을 재생하면 얼굴 부분이 점점 확대되었다가 다시 점점 줄어드는 것을 확인할 수 있습니다. 이렇게 크기가 점점 변하는 것이 아니라 설정한 부분에서 한 번에 커져야 하기 때문에 키프레임에 옵션을 설정해 주겠습니다. 다시 원래 크기로 돌아오는 부분도 마찬가지로 바로 원상태로 돌아와야 하기 때문에 함께 옵션 설정을 해주도록 하겠습니다.

[Video Event FX] 창 아래의 맨 앞 키프레임을 클릭하고, Ctrl 키를 누른 채로 두 번째 키프레임을 클릭해서 두 키프레임을 선택해 줍니다. 그 다음 [마우스 오른쪽 버튼 클릭] - [Hold] 옵션을 선택해 줍니다.

[Hold 옵션이 적용된 화면]

[Video Event FX] 창을 닫고 영상을 재생하면 3초부터 8초에 얼굴 부분이 확대되어 표현되는 영상을 확인할 수 있습니다. 편집된 내용은 메뉴 [File] - [Save]로 프로젝트를 저장합니다.

[3초 이전의 결과 화면]

[3초~8초 부근 결과 화면]

[VEGAS Pro 16] - [Project] - [lesson14.veg]
[VEGAS Pro 16] - [완성영상] - [lesson14.wmv]

■ 키프레임 옵션 설정

타임 라인의 키프레임에서 마우스 우측 버튼을 클릭하면 총 6가지의 옵션을 설정할 수 있습니다. 옵션의 설정에 따라 키프레임이 설정되어 있는 부분의 재생 속도가 달라집니다.

- **Linear** : 기본 재생 속도
- **Fast** : 점점 빠르게 재생
- **Slow** : 점점 느리게 재생
- **Smooth** : 부드러운 느낌의 재생
- **Sharp** : 각이 있는 딱딱한 느낌의 재생
- **Hold** : 키프레임을 기준으로 정지

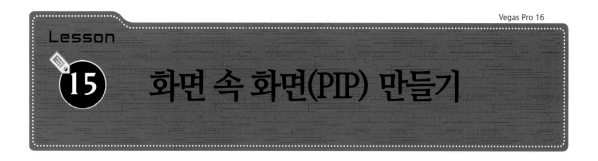

Vegas Pro 16

Lesson 15 화면 속 화면(PIP) 만들기

뉴스의 인터뷰 장면을 보면 큰 화면 속에 작은 화면이 보이거나, 화면이 분할되어 두 화면이 함께 보이는 영상 효과를 볼 수 있습니다. 화면 속에 작은 화면은 이벤트 팬/크롭을 사용해 만들 수도 있지만, 이번 레슨에서는 [Video FX]의 [Picture In Picture]를 사용해서 화면 속 작은 화면이 보이는 영상과 정확히 4분할된 화면을 만들어 보겠습니다.

1 큰 화면 속 작은 화면 만들기

① 메뉴 [File] - [New]를 클릭하여 새로운 프로젝트 HD 1080-60i (1920x1080, 29.970 fps)를 만들고, [Explorer] 탭에서 [바탕 화면]의 [VEGAS Pro 16] – [Lesson15] 폴더의 [video01], [video02]를 1번 트랙과 2번 트랙에 각각 드래그해서 넣어 줍니다. [video02]의 음성 트랙인 3번 트랙은 이번 예제에 필요 없는 부분이기 때문에 3번 트랙 리스트를 클릭한 후 Delete 키를 눌러 삭제해 줍니다.

❷ 1번 트랙의 이벤트가 오른쪽 하단에 작게 나타나도록, [Video FX] 탭의 [Picture In Picture] -[Lower Right, Scaled, No Angle]을 선택하여 1번 이벤트에 넣어 줍니다.

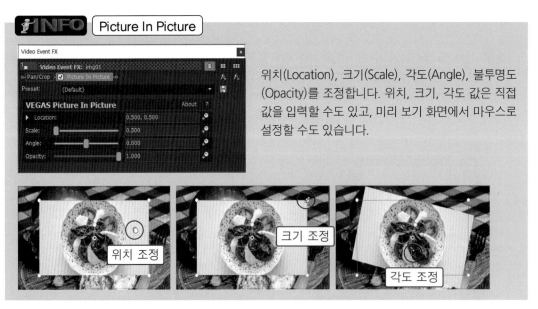

위치(Location), 크기(Scale), 각도(Angle), 불투명도(Opacity)를 조정합니다. 위치, 크기, 각도 값은 직접 값을 입력할 수도 있고, 미리 보기 화면에서 마우스로 설정할 수도 있습니다.

❸ 위치와 크기, 각도를 변경하고 싶다면, 미리 보기 화면에서 마우스로 드래그하여 조정해준 뒤 [Video Event FX] 창을 닫아 줍니다.

❹ 작게 조정된 이벤트 화면의 테두리에 색을 넣으면 조금 더 뚜렷하게 분리된 느낌을 줄 수 있습니다. [Video FX] 탭의 [Border] – [Solid White Border]를 1번 트랙의 [video01] 이벤트에 넣어 줍니다.

❺ 창 상단의 [Border]를 마우스로 드래그하여 [Picture In Picture]보다 앞 쪽 순서에 위치하도록 이동시
켜 줍니다. 이후 외곽선의 크기를 0.050으로 설정하고, 색상도 선택해 줍니다. 설정이 끝난 뒤엔 닫기
(🗙)를 눌러 창을 닫아 줍니다.

[결과 화면]

[Project] - [lesson15_01.veg]
[완성영상] - [lesson15_01.wmv]

❷ 4분할 화면 만들기

4개의 이미지가 한 화면에 보이는 4분할 화면을 만들어 보겠습니다.

[4분할 화면의 예]

① 4분할 화면을 만들기 위해 새 프로젝트에서 [Explorer] 탭, [바탕 화면]의 [VEGAS Pro 16] – [Lesson15]
의 [img01], [img02], [img03], [img04]를 트랙 각각에 배치해 줍니다.

② 1번 트랙 이벤트에 [Video FX] 탭의 [Picture In Picture] – [Default]를 넣어 줍니다.

③ [Video Event FX] 창이 열리고 첫 번째 이미지가 화면 정중앙에 위치하게 됩니다. 좌측 상단에 위치시
키기 위해 [Location]의 수치를 (0.250, 0.750)으로 변경한 뒤 닫기(✕) 버튼을 눌러 줍니다.

④ 같은 방법으로 [Video FX] 탭의 [Picture In Picture] – [Default]를 2번 트랙의 이미지에 넣어 줍니다.
이번에는 우측 상단에 위치시키기 위해 [Location] 수치를 (0.750, 0.750)으로 입력하고 닫기(✕) 버튼
을 눌러 줍니다.

❺ 나머지 트랙도 [Video FX] 탭의 [Picture In Picture] – [Default]를 넣어 주고, 3번째 이벤트는 (0.250, 0.250), 4번째 이벤트는 (0.750, 0.250)으로 위치 값을 변경합니다. 재생하여 결과를 확인합니다.

[Project] – [lesson15_02.veg]
[완성영상] – [lesson15_02.wmv]

[4분할 결과 화면과 이미지 위치 값]

■ Picture In Picture 위치 값 구하는 방법

분할 화면을 만들 때 미리 보기 화면에서 마우스로 드래그하여 위치, 크기, 각도를 조정하는 것이 편리하긴 하지만, 정확하게 분할된 화면을 만들기 위해서는 위치 값을 입력해야 합니다.

여기서 위치 값이란 각 화면의 정중앙 좌표 값을 말하며, Picture In Picture에서는 중앙 좌표 값을 (0.500, 0.500)으로 잡고 있습니다. 따라서 이미지 1번(B)의 경우 왼쪽으로 -0.250, 위쪽으로 +0.250만큼 이동한 (0.250, 0.750)으로 4번 이미지는 중앙 좌표 값인 (0.500, 0.500)에서 오른쪽으로 +0.250, 아래쪽으로 -0.250 이동한 (0.750, 0.250)으로 표시합니다.

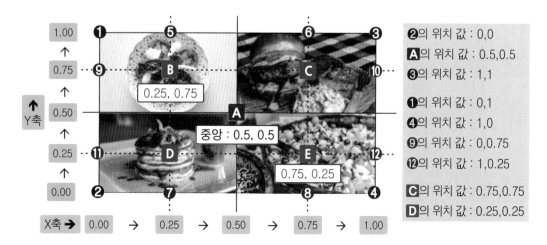

Lesson

16 화면 스크롤되는 영상 효과 만들기

보통 인터넷 화면을 볼 때 위에서 아래로, 또는 아래에서 위로 화면 스크롤 하면서 내용을 확인할 때가 많습니다. 이번 레슨에서는 트랜지션스 효과를 활용해 화면이 스크롤 되는 듯한 느낌의 영상 효과를 만들어 보겠습니다.

❶ 트랜지션스를 이용한 화면 스크롤 효과 영상 만들기

① 메뉴 [File] - [New]를 눌러 새 프로젝트 HD 1080-60i (1920x1080, 29.970 fps)를 만들고, [Explorer] 탭에서 [바탕 화면]의 [VEGAS Pro 16] – [Lesson16] – [img01] 파일을 트랙으로 가져옵니다. 세로로 긴 이미지여서 영상도 세로 화면으로 만들기 위해 미리 보기 상단의 Project Video Properties...(⚙)를 클릭합니다.

2 Width(가로)를 1,080으로 Height(세로)를 1,920으로 변경하고 [OK]를 눌러 프로젝트 설정 창을 닫아 줍니다.

[설정 변경 후 미리 보기 화면]

3 이제 트랙에서 마우스 휠을 위쪽으로 돌려, 시간을 자세히(확대) 표시한 다음, 2초 지점에서 ⑤ 키를 눌러 이미지를 잘라 줍니다. 같은 방법으로 4초 지점에서도 이미지를 잘라 같은 길이의 이미지를 총 2장을 만들어 줍니다. 뒤쪽의 이미지는 Delete를 눌러 삭제합니다.

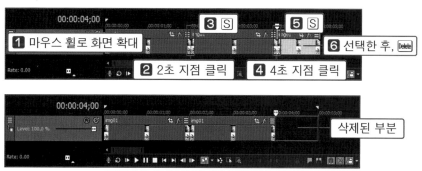

[자르기 한 후, 뒷부분을 삭제한 결과]

4 첫 번째 이미지의 이벤트 팬/크롭(❑)을 열어 줍니다.

그 다음, 화면에 이미지를 꽉 차게 설정하기 위해 포지션 [F]에 마우스를 위치시킨 뒤, [마우스 오른쪽 버튼 클릭(🖱)] – [Match Output Aspect]를 선택합니다.

⑤ 왼쪽 툴 바의 Move Freely (✛) 아이콘을 두 번 클릭해서 Move in Y Only(↕)로 변경하고, 위쪽 이미지 만 화면에 나오도록 포지션 [F]를 조정합니다. 그 다음 닫기(✖) 버튼을 눌러 창을 닫아 줍니다.

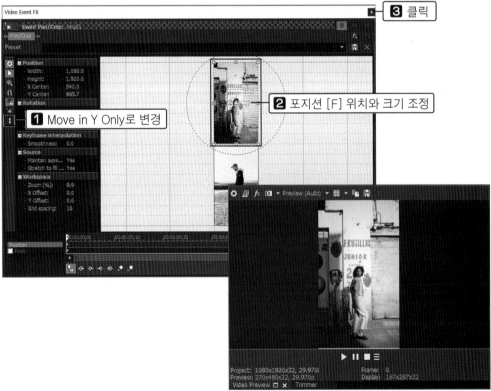

[미리 보기 화면]

⑥ 두 번째 이벤트도 같은 방법으로 설정합니다. 이벤트 팬/크롭(⬚)을 눌러 [Video Event FX] 창을 열어 준 뒤, 포지션 [F]에서 [마우스 오른쪽 버튼 클릭] - [Match Output Aspect]로 화면에 이미지가 꽉 차게 만들어 줍니다. 그리고 이번엔 아래에 있는 이미지가 화면에 보이도록 포지션 [F]를 조정해 줍니다.

[미리 보기 화면]

7 화면을 내렸다가 다시 올리는 듯한 효과를 만들기 위해 앞쪽의 이미지를 뒤에 복사해 줍니다. 복사는 첫 번째 이미지를 클릭한 다음, Ctrl 키를 누르면서 뒤쪽으로 드래그합니다.

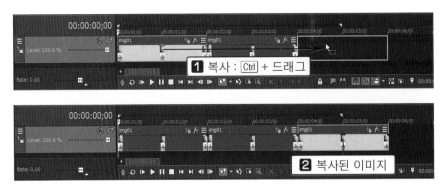

8 트랜지션스 효과를 주기 위해 각 이미지가 겹치도록 앞쪽으로 드래그하여 크로스페이드 구간을 만들어 줍니다.

9 앞 쪽의 크로스페이드 구간에는 [Transitions] 탭의 [Push] – [Push Up] 효과를 넣어 준 후 창을 닫고, 뒤 쪽 크로스페이드 구간에는 [Push Down] 효과를 넣어 주고 창을 닫습니다.

⑩ 재생(▶)하면 화면 스크롤과 같은 영상 효과를 확인할 수 있습니다.

---

❷ 세로 화면 영상 만들기(렌더링)

이번 예제와 같이 세로 화면으로 작업한 영상을 만들 때가 있습니다. 이럴 땐 프로젝트 설정으로 프로젝트 크기를 세로로 변경하고, 작업이 끝난 후 렌더링을 할 때에도 세로로 화면 설정을 해줍니다.

❶ 편집 작업 완료 후에 렌더링할 부분을 선택하고, 상단 툴 바의 Render As(🎬) 버튼을 클릭합니다.

② [Windows Media Video V11] – [8 Mbps HD 1080-30p Video]를 선택하고 [Customize Template...]
를 선택합니다.

③ [Video] 탭을 눌러 앞서 변경해줬던 프로젝트 설정과 동일하게 설정해 줍니다.

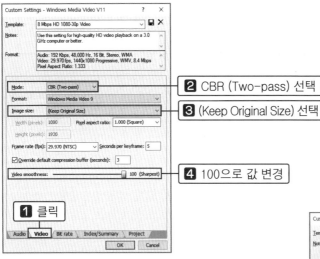

④ [Project] 탭을 눌러 [Video rendering quality]를 [Best]로 바
꾸고 [OK]를 눌러 설정을 완료합니다.

❺ 영상 파일을 만들 폴더를 선택하고, 파일명을 지정한 뒤 [Render] 버튼을 눌러 렌더링합니다.

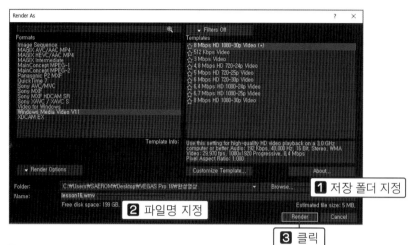

[렌더링 결과 화면]

[VEGAS Pro 16] - [Project] - [lesson16.veg]
[VEGAS Pro 16] - [완성영상] - [lesson16.wmv]

INFO 프로젝트 파일 저장

렌더링한 파일을 수정하려면 재편집 후에 다시 렌더링해야 합니다. 이렇게 재편집할 수 있게 편집 내용의 정보를 저장해두는 것이 프로젝트 저장입니다. 편집 작업이 완료되거나 중간 중간에 꼭 프로젝트 저장을 해두기 바랍니다.

프로젝트 저장은 메뉴 [File] - [Save]를 눌러 진행하면 됩니다.

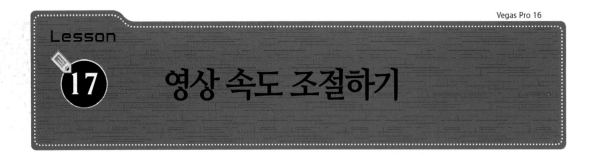

Lesson

17

영상 속도 조절하기

영상의 속도를 조절하여 빠르게 또는 느리게 재생하거나 되감는 듯한 영상을 만들 수 있습니다. 베가스에서는 키보드의 Ctrl 키를 이용한 방법과 Velocity 기능을 이용한 2가지 방법을 제공하고 있는데, 각각 예제를 통해 기능의 특징을 살펴보겠습니다.

① Ctrl 키를 이용한 빠르게 / 느리게 재생되는 영상 만들기

[Explorer] 탭을 이용하여 [바탕 화면]의 [VEGAS Pro 16] - [Lesson17]의 [video01] 파일을 트랙에 마우스로 드래그합니다.

이벤트의 끝 쪽에 마우스를 위치시키면 [Trim Event End]가 표시됩니다. 이 상태에서 Ctrl 키를 누르면 [Time Stretch]로 마우스 모양이 바뀌어 속도 조절이 가능합니다.

Ctrl 키를 누르면서 왼쪽으로 마우스로 드래그하여 이벤트의 길이를 줄여 주면, 영상이 기본 속도보다 빠르게 재생됩니다. 이벤트 길이가 짧으면 짧을수록 더 빠르게 재생됩니다.

반대로 Ctrl 키를 누르면서 오른쪽으로 마우스를 드래그하면, 길이가 늘어나고 영상이 기본 속도보다 느리게 재생됩니다.

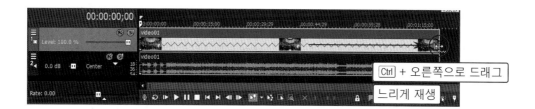

■ Ctrl + 드래그를 사용한 속도 조절 초기화

Ctrl 키를 이용하여 조절한 속도를 초기화하려면, 속도를 변경한 이벤트 위에서 마우스 오른쪽 버튼(🖱)을 클릭한 뒤 [Properties]를 선택합니다.

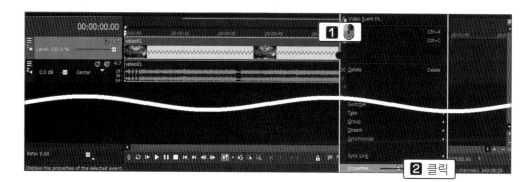

그 다음 [Video Event] 탭의 [Playback rate]를 초기 값인 1.0을 입력해주고 [OK]를 클릭하면 원본 영상의 속도로 초기화됩니다.

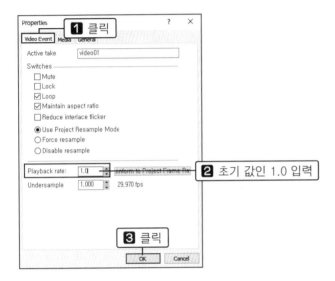

❷ Velocity를 이용한 영상 속도 조절하기

새 프로젝트를 선택하고 [Explorer] 탭에서 [바탕 화면]의 [VEGAS Pro 16] - [Lesson17] - [video02]를 마우스로 드래그하여 트랙에 넣어 줍니다.

이벤트 위에 마우스를 위치시킨 뒤 오른쪽 버튼(🖱)을 클릭하여 [Insert/Remove Envelope] - [Velocity]를 선택합니다.

[Insert/Remove Envelope] - [Velocity]를 선택하면 속도 조절선이 생깁니다. 이 선의 기본 값은 100%인데 위로 올려 100% 이상 값이 되면 속도가 빨라지고, 아래로 내려 100% 이하로 값이 내려가면 속도가 느려집니다.

❸ 구간별 속도 조절 방법

하나의 영상에서 속도가 점점 빨라지거나 느려지는 구간별 속도 조절 방법에 대해 알아보겠습니다.

① Velocity 속도 조절선 위에 마우스를 위치시키고, 더블 클릭하면 새로운 포인트(Point)가 생성됩니다. 05초, 10초, 15초 지점에서 더블 클릭하여 포인트를 생성해 줍니다.

② 5초 지점의 포인트에 마우스를 위치시키고 마우스 오른쪽 버튼(🖱)을 클릭합니다. 그 다음 [Set to Maximum Forward Velocity]를 선택해 줍니다. 또는 포인트를 위쪽으로 드래그하여 값을 변경할 수도 있습니다.

🛈INFO   오디오 이벤트 속도 조절

Velocity를 이용하여 영상 속도 조절을 하면 오디오 이벤트의 속도는 조절되지 않습니다. 영상과 오디오 모두 속도를 조절하려면 Ctrl 키 + 드래그 방식을 이용해야 합니다.

❸ 두 번째, 10초 부근의 포인트에서 마우스 오른쪽 버튼(🖱)을 클릭해서 이번엔 [Set to 50% Forward Velocity]를 선택해 줍니다.

❹ 20초 지점으로 에디트 라인을 옮깁니다. 그 다음 Velocity 선 위가 아닌 이벤트 위에서 [마우스 오른쪽 버튼 클릭] – [Insert/Remove Envelope] – [Freeze Frame at Cursor]를 선택해 줍니다.

이와 같이 설정해 주면 처음부터 5초까지 점점 빨라졌다가 그 뒤로 10초까지 점점 느리게 재생되며, 10초에는 기본 재생속도의 50% 속도로 재생됩니다. 10초부터 15초까지는 약간씩 빨라지고, 15초부터 20초까지는 정상 속도로 재생이 됩니다. 마지막으로 20초 지점부터는 영상 재생이 멈추게 됩니다. 이처럼 Velocity를 이용하면 다양하고 세밀하게 영상 속도를 조절할 수 있습니다.

5 편집 작업 완료 후에 Save(🖫)를 클릭하여 프로젝트 파일을 저장합니다. 이후 트랙 상단을 더블 클릭하여 전체를 렌더링할 부분으로 지정하고, Render As(🖳) 버튼을 클릭하여 렌더링합니다.

6 이후의 렌더링 과정을 완료한 후, 결과를 재생하여 확인합니다.

[VEGAS Pro 16] - [Project] - [lesson17_01.veg]
[VEGAS Pro 16] - [완성영상] - [lesson17_01.wmv]

④ 영상 역재생하기

새로운 프로젝트를 만든 뒤에 [Explorer] 탭에서 [바탕 화면]의 [VEGAS Pro 16] - [Lesson17]
폴더의 [video03] 영상을 트랙에 넣어 줍니다.

영상 트랙을 클릭하고, 마우스를 위치시킨 뒤 마우스 오른쪽 버튼(🖱)을 눌러 [Insert/
Remove Envelope] - [Velocity]를 선택합니다.

속도 조절선 값이 -100%가 되도록 아래로 드래그합니다.

영상을 재생해보면 역재생 되는 것을 확인할 수 있습니다.

[VEGAS Pro 16] - [Project] - [lesson17_02.veg]
[VEGAS Pro 16] - [완성영상] - [lesson17_02.wmv]

INFO Velocity를 사용한 속도 조절 초기화

속도 조정선 위에 마우스를 위치시킨 다음, [마우스 오른쪽 버튼 클릭()] - [Reset All]을 선택해 줍니다.

INFO 프로젝트 파일 저장

프로젝트 파일은 베가스에서 편집한 내용 전체(사용한 파일, 적용한 효과 등)를 기록하고 있는 파일입니다. 책에서 특별히 언급하지 않아도 작업한 내용은 메뉴 [File] - [Save]를 이용하여 프로젝트 파일로 저장해 두어야 나중에 이를 불러서 수정하거나 다시 렌더링해서 최종 동영상을 만들 수 있습니다.

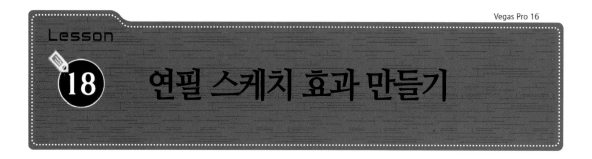

Vegas Pro 16

Lesson

18

연필 스케치 효과 만들기

연필로 스케치한 듯한 영상 효과를 Video FX 효과와 컴포지팅 모드(Compositing Mode)를 사용하여 구현하겠습니다.

1 Video FX 효과와 컴포지팅 모드로 스케치 효과 내기

① 메뉴 [File] - [New]를 클릭하여 새로운 프로젝트 HD 1080-60i (1920x1080, 29.970 fps)를 만들고, [Explorer] 탭에서 [바탕 화면]의 [VEGAS Pro 16] – [Lesson18] – [video01]을 트랙에 가져옵니다.

② 영상을 흑백으로 만들어 주기 위해서 [Video FX] 탭의 [Black and White] – [Default]를 마우스로 드래그하여 이벤트에 적용해 줍니다.

❸ 트랙 리스트에서 마우스 오른쪽 버튼(🖱)을 클릭한 후, [Duplicate Track]을 선택하여 트랙을 복사해서 동일한 트랙을 하나 더 만들어 줍니다. 동일한 이벤트의 트랙 두개를 겹쳐 배치하는 이유는 Compositing Mode라는 합성 모드를 사용하기 위해서 입니다.

❹ 1번 트랙의 이벤트에 [Video FX] 탭의 [Invert] – [Default]를 넣어 색 반전 효과를 줍니다.

❺ 1번 트랙에 [Video FX] 탭의 [Gaussian Blur] – [Light Blur]를 적용해서 약간 흐릿해지는 효과를 추가합니다. 설정 창은 변경 없이 그대로 닫아 줍니다.

⑥ 1번 트랙의 트랙 리스트에서 More(☰) 아이콘을 클릭한 다음 [Compositing Mode] – [Dodge]를 선택해 줍니다. [Dodge] 모드를 적용하면 화면의 밝기를 가장 밝게 하여 영상 속에서 많이 어두운 부분만 보이게 됩니다.

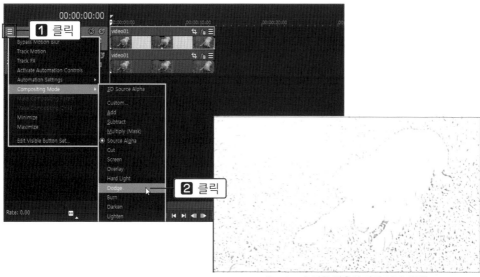

[Dodge 효과를 적용한 미리 보기 화면]

⑦ 1번 트랙의 이벤트에 [Video FX] 탭의 [Add Noise] – [Grainy] 효과를 추가해 줍니다.

⑧ 연필로 스케치한 듯한 선을 표현하기 위해서 [Video FX] 탭의 [Linear Blur] – [45 Degrees]를 1번 트랙 이벤트에 추가해 줍니다.

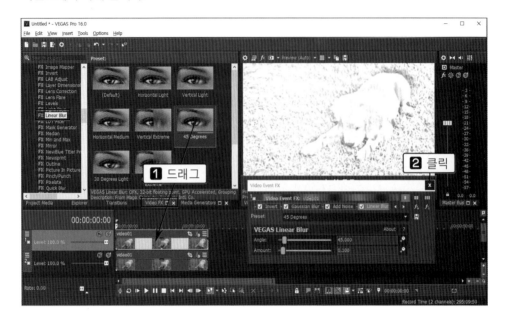

⑨ 영상이 너무 밝게 표현이 되기 때문에 어둡게 하는 [Video FX] 탭의 [Brightness and Contrast] – [Darker]를 1번 트랙 이벤트에 적용해 줍니다.

⑩ 차후 수정을 위해서 [File] - [Save]나 Save(🖫)를 눌러 프로젝트를 저장합니다. 이후, 타임 라인에서
더블 클릭하여 전체를 대상으로 설정하고, [File] - [Render As]나 Render As(🖳)를 눌러 렌더링하고
영상을 확인합니다.

[VEGAS Pro 16] - [Project] - [lesson18.veg]
[VEGAS Pro 16] - [완성영상] - [lesson18.wmv]

Lesson

19

모션 트래킹 기능 익히기

모션 트래킹 (Motion Tracking)이란, 움직임이 있는 특정 부분에 효과를 적용하고 싶을 때 지정한 부분의 움직임을 자동으로 추적해 주는 기능입니다.

베가스 프로 16에 새롭게 추가된 기능으로 이전 버전까지는 움직임이 있을 경우 수동으로 위치를 설정해줘야 했다면, 모션 트래킹을 사용할 경우 위치가 자동으로 설정되어 훨씬 편리하고 쉽게 효과 적용이 가능하게 됐습니다.

① 메뉴 [File] - [New]를 눌러 새 프로젝트 HD 1080-60i (1920x1080, 29.970 fps)를 만들고, [Explorer] 탭에서 [바탕 화면]의 [[VEGAS Pro 16]] - [Lesson19] - [video01]을 트랙에 드래그합니다.

❷ [Video FX] 탭에 있는 [Bézier Masking] – [Default]를 이벤트에 적용합니다.

❸ [Mask 1]에 있는 [Type]을 이용해서 마스크의 모양을 선택할 수 있습니다. [Type]을 [Oval]로 선택해서 원 모양으로 변경하고, 미리 보기 창에서 마스크의 위치를 꽃에 맞춰 이동시킵니다.

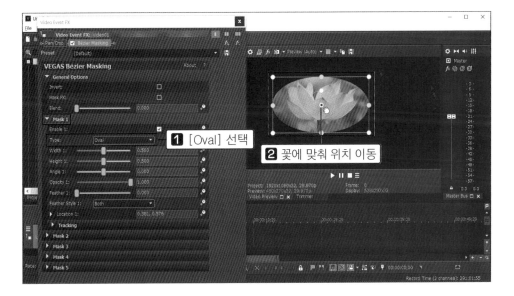

④ 미리 보기 창에서 마우스를 사용하여 원의 크기와 모양, 위치를 꽃에 맞춰서 변경합니다.

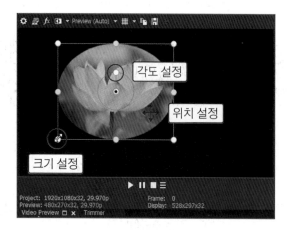

⑤ 그 다음 [Tracking] – [Start] 버튼을 클릭합니다. 그러면 꽃의 위치가 이동되는 것을 자동으로 추적하여 표시해 주는 것을 확인할 수 있습니다.

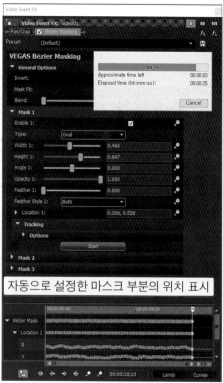

ℹ️ INFO 위치 추적이 제대로 되지 않을 경우

간혹 위치를 추적하고 싶은 부분에 정확히 마스크를 표시하지 않을 경우, 위치 추적이 제대로 되지 않을 때도 있습니다. 이럴 때는 다시 한번 위치를 추적하고 싶은 부분의 마스크 위치, 크기 등을 수정하여 명확히 한 뒤, 다시 한번 [Start] 버튼을 클릭하면 해결됩니다.

6 마스크 위치 추적이 제대로 됐는지 확인하고 정확하게 됐다면 [General Options]에 있는 [Invert]와 [Mask FX]를 체크하고 닫기(☒) 버튼을 눌러 설정 창을 닫아 줍니다.

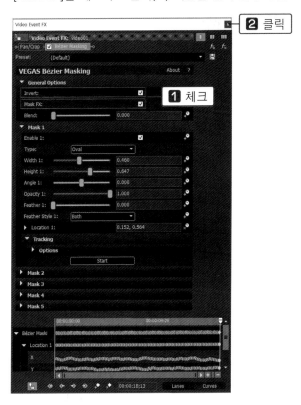

INFO [Bézier Masking] – [General Options]

- Invert : 마스크를 씌운 부분을 제외한 부분에 효과를 적용하고 싶을 때 체크합니다.
- Mask FX : 마스크 효과를 씌운 곳에 효과를 적용하기 위해 체크합니다.
- Blend : 0으로 설정할 경우 마스크를 씌운 부분만 정확히 표시가 되고, 1로 값을 변경하면 마스크를 씌운 경계가 투명하게 표현됩니다.

❼ [Video FX] 탭에서 [Black and White] – [Default]를 이벤트에 적용해 줍니다. 설정 창을 보면 하단에 모션 트래킹을 통해 위치 추적을 했던 기록이 함께 표시되는 것을 확인할 수 있습니다.

❽ 마스킹을 한 부분에만 효과를 설정해 주기 위해서 [Black and white]를 [Bézier Masking] 앞으로 이동 시켜 줍니다. 위치를 이동할 때는 마우스로 드래그해 주면 됩니다.

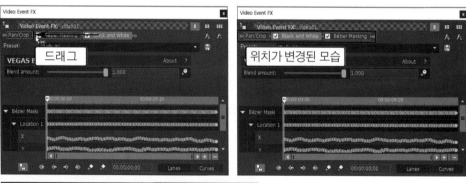

[미리 보기 화면]

⑨ 마스킹한 부분 이외의 부분에만 [Black and White] 기능이 적용되어 흑백으로 표현된 것을 확인할 수 있습니다. 또한, 모션 트래킹 기능으로 인해 꽃의 흔들림에 따라 컬러로 표현되는 부분이 자동으로 이동되는 것도 확인할 수 있습니다.

조금 더 자연스러운 표현을 위해 경계선을 자연스럽게 해주는 [Feather] 값을 적용해 주도록 하겠습니다. 설정 창의 [Bézier Masking]을 다시 클릭하여 [Feather 1] 값을 15 정도로 설정해 주고 효과 창을 닫습니다. 그러면 경계선이 모호해져서 자연스럽게 표현됩니다.

⑩ 프로젝트를 저장하고 렌더링을 한 다음 영상을 다시 확인합니다.

[결과 화면]

[VEGAS Pro 16] - [Project] - [lesson19.veg]
[VEGAS Pro 16] - [완성영상] - [lesson19.wmv]

[Bézier Masking] 옵션에서는 총 5개까지 모션 트래킹을 적용할 수 있도록 지원하고 있습니다. 마스크를 추가하고 싶을 때는 설정 창에서 다른 Mask의 하단 메뉴를 열고 [Enable]에 체크해주면 됩니다.

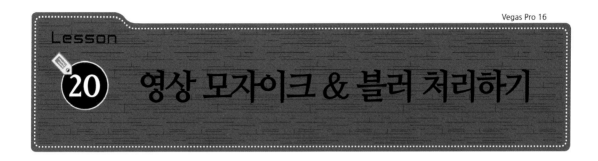

Vegas Pro 16

Lesson 20 영상 모자이크 & 블러 처리하기

영상 편집 시 화면에 보여선 안 될 부분들에 대해 모자이크 처리나 흐릿하게 보이는 블러
(Blur) 처리를 하는 방법에 대해 알아보겠습니다.

❶ 간단하게 모자이크 & 블러 처리하는 방법

 메뉴 [File] - [New]를 클릭하여 새로운 프로젝트 HD 1080-60i (1920x1080, 29.970 fps)를 만들고,
[Explorer] 탭에서 [바탕 화면] – [VEGAS Pro 16] – [Lesson20] – [video01] 영상을 트랙에 넣어 줍니다.

❷ [Video FX] 탭의 [HitFilm Witness Protection]을 마우스로 드래그하여 이벤트에 적용합니다.

■ HitFilm Witness Protection

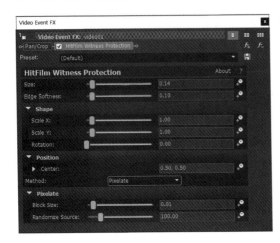

- **Size** : 모자이크/블러의 크기를 조정합니다.
- **Edge Softness** : 모자이크/블러의 부드러움 정도를 조정합니다.
- **Shape** : 모자이크/블러의 모양을 Scale X(가로), Scale Y(세로), Rotation(각도)로 세밀하게 조정합니다.
- **Position** : 위치를 조정합니다. 설정 창에서 조정할 수도 있고, 미리 보기 화면에서 조정할 수도 있습니다.

- **Method** : 모자이크(Pixelate)와 블러(Blur) 중 선택합니다.

Block Size: 모자이크의 픽셀 크기를 조정합니다.

Randomize Source: 값을 높일수록 모자이크의 픽셀이 랜덤으로 뒤섞이게 됩니다.

Radius: 블러의 반경 값을 조정합니다.

❸ 미리 보기 화면에서 마우스로 드래그하여 모자이크 위치를 원하는 곳에 맞춰 이동시켜 줍니다.

④ 모자이크의 크기를 조정하고 싶다면 설정 창의 [Size]를, 강도를 조정할 때는 [Edge Softness]를 조정합니다. 이번 예제는 모든 부분이 적당하기 때문에 다른 조정 없이 닫기(⊠)를 클릭하여 설정 창을 닫아 줍니다.

⑤ 프로젝트를 저장하고 렌더링 후 영상을 확인합니다.

[결과 화면]

[VEGAS Pro 16] - [Project] - [lesson20_1.veg]
[VEGAS Pro 16] - [완성영상] - [lesson20_1.wmv]

ℹ️INFO 움직이는 영상 모자이크 처리하기

움직임이 적고 단순한 영상의 경우에는 하단의 Sync Cursor(🔒)를 켜고, [Position]의 Animate(🎯) 버튼을 클릭해서 움직임에 따라 마우스 드래그로 위치를 변경해 설정해주면 됩니다. 하지만 움직임이 많고 복잡한 경우에는 모션 트래킹(Motion Tracking)을 활용해서 설정해주는 것이 훨씬 편리합니다.

ℹ️INFO Animate 버튼

• Animate 버튼이 켜지지 않은 상태(🎯)   • Animate 버튼이 켜진 상태(🎯)

ℹ️INFO 블러(Blur) 처리하는 방법

[Method]를 [Blur]로 선택해주면 원하는 부분에 블러 처리된 영상을 만들 수 있습니다.

❷ 모션 트래킹(Motion Tracking)을 사용한 모자이크

모자이크를 해야 하는 부분이 움직임이 많은 경우, 일일이 모자이크 위치를 지정해주는 것은 매우 복잡한 작업입니다. 이럴 때 모션 트래킹 기능을 이용하면 쉽고 편리하게 모자이크를 할 수 있습니다.

❶ 새 프로젝트를 만들고 [Explorer] 탭에서 [Lesson20] – [video02]를 트랙에 넣어 줍니다.

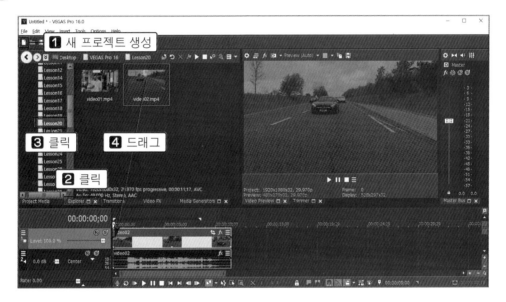

❷ [Video FX] 탭에서 [Bézier Masking] – [Default]를 이벤트에 넣어 줍니다.

❸ [General Options] – [Mask FX]를 체크하고 미리 보기 화면에서 마스크의 위치와 크기를 자동차 번호
판에 맞게 조정합니다.

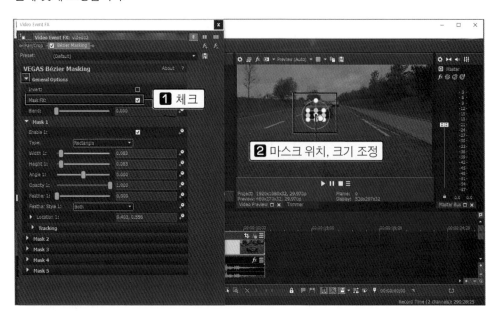

❹ [Tracking] – [Start] 버튼을 클릭해서 자동으로 마스크의 위치를 설정해 줍니다.

⑤ 총 12초 정도의 영상인데 설정한 부분의 번호판이 3초 정도까지만 진행된 것을 확인할 수 있습니다. 영상 뒷부분은 모자이크 표시가 보이면 안 되기 때문에 [Opacity 1]의 [Animate]를 켜줍니다.

모션 트래킹 완료 화면

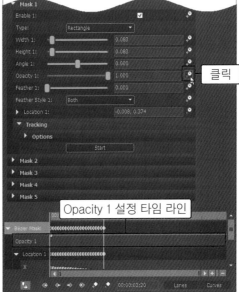

클릭

Opacity 1 설정 타임 라인

⑥ 번호판이 더 이상 보이지 않는 지점인 3;20초 정도에 에디트 라인을 위치시키고 [Opacity 1] 값을 0으로 조정합니다. 이 작업을 할 때 Sync Cursor(🔒)를 활성화 시킨 상태에서 하면 미리보기 화면을 보면서 할 수 있어서 훨씬 쉽게 작업할 수 있습니다.

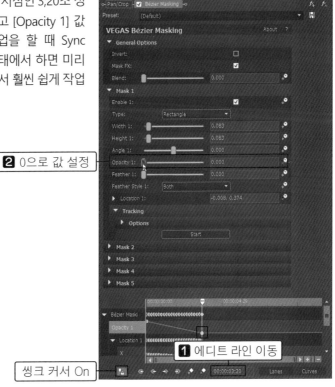

2 0으로 값 설정

1 에디트 라인 이동

씽크 커서 On

⑦ 지금 설정 상태로는 모자이크 효과가 점점 연해지듯이 표현되기 때문에 키프레임에 옵션을 설정해 줘야합니다. [Opacity 1]의 맨 앞 키프레임을 클릭하고 [마우스 오른쪽 클릭] – [Hold]를 클릭합니다.

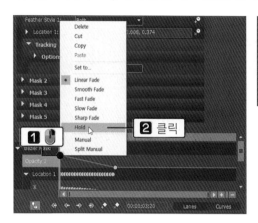

[Hold가 적용된 화면]

⑧ 화면이 전환되면서 다시 번호판이 나오는 지점인 5;10초 지점에 에디트 라인을 옮기고 [Mask 2]의 [Enable 2]에 체크해서 마스크를 하나 더 추가해 줍니다.

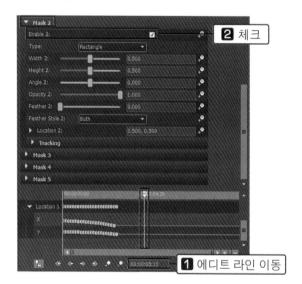

9 미리 보기 화면을 한번 클릭해주면 [Mask 2]가 나타나는 것을 확인할 수 있습니다. 처음에 한 것과 동일하게 마우스 드래그를 이용해서 번호판을 가려 줍니다.

10 [Mask 2]의 [Tracking] – [Start] 버튼을 클릭합니다.

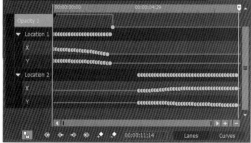

[Mask 2 모션 트래킹 완료 화면]

⑪ [Mask 2]의 경우 앞부분에는 모자이크 효과가 적용되면 안 되고 뒷부분에만 적용되어야 합니다. [Mask 2] – [Opacity 2]의 Animate(🖱)를 클릭합니다.

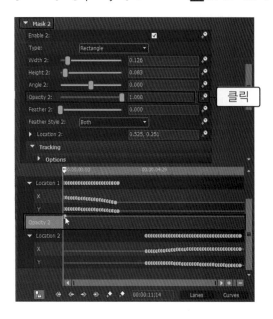

⑫ [Opacity 2]의 가장 앞 키프레임을 클릭하고 [Set to]를 선택합니다. 그 다음 값을 0으로 조정합니다.

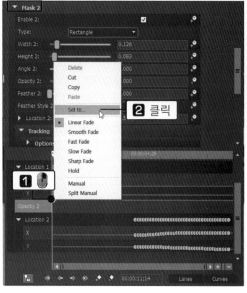

⑬ 같은 키프레임을 선택하고 다시 한번 [마우스 오른쪽 클릭]으로 메뉴를 불러온 다음 [Hold]를 선택합니다.

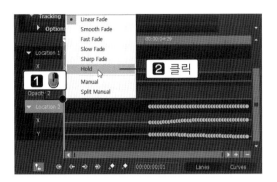

⑭ 에디트 라인을 두 번째 마스크의 모션 트래킹이 시작된 지점으로 이동시키고 Add Keyframe(⬦)을 클릭해서 새로운 키프레임을 생성합니다. 그 다음 값을 1로 변경합니다. 여기까지 모든 설정이 끝났다면 닫기(✕)버튼을 눌러서 설정 창을 닫아 줍니다.

⑮ 모자이크 효과를 넣기 위해서 [Video FX] 탭의 [Pixelate] – [Large]를 영상 이벤트에 적용합니다.

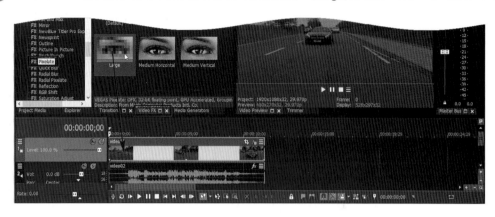

ℹ️INFO [HitFilm Witness Protection]을 사용하지 않고 [Pixelate]를 사용한 이유

[Video FX]의 [Pixelate]와 [HitFilm Witness Protection]은 둘 다 모자이크를 할 때 사용하는 기능입니다. 이중에 모션 트래킹을 이용해 모자이크 표시를 하고 싶을 때는 [Pixelate]만 사용이 가능한데 그 이유는 [HitFilm Witness Protection]의 경우 자체적으로 위치를 설정하는 기능을 갖고 있기 때문입니다. 이와 같이 위치 조정 기능을 가지고 있는 [Video FX] 효과는 모션 트래킹이 적용되지 않습니다.

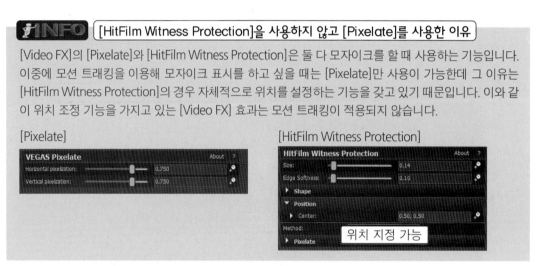

⑯ 설정 창의 [Pixelate]의 위치를 앞쪽으로 이동시키고, 모자이크를 조금 더 강하게 하기 위해 [Horizontal pixelization]의 값을 0.950으로 높여준 다음, 창을 닫아 줍니다.

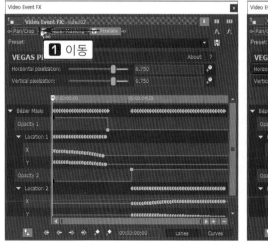
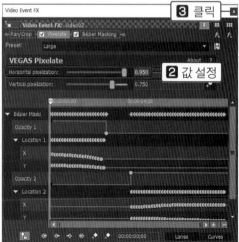

⑰ 프로젝트를 저장하고 렌더링한 다음, 영상을 확인합니다.

[VEGAS Pro 16] - [Project] - [lesson20_2.veg]
[VEGAS Pro 16] - [완성영상] - [lesson20_2.wmv]

■ 블러(Blur) 처리하는 방법

① 모자이크 대신 영상이 흐릿하게 표현되는 블러(Blur) 효과를 넣기 위해서는 [Pixelate] 대신에 [Gaussian Blur]를 적용해주면 됩니다. [Video FX] 효과를 수정하기 위해 이벤트 상단의 Event FX(📥)를 클릭합니다.

② 적용되어 있는 [Pixelate]를 선택하고, Remove Selected Plug-In(📥)을 눌러 삭제합니다.

③ [Video FX] 탭의 [Gaussian Blur] – [Default]를 드래그하여 이벤트에 적용해 줍니다.

④ [Gaussian Blur]를 드래그하여 앞쪽으로 이동시켜 순서를 변경합니다.

[VEGAS Pro 16] – [Project] – [lesson20_3.veg]
[VEGAS Pro 16] – [완성영상] – [lesson20_3.wmv]

움직이는 영상의 한 장면을 이미지로 만들어 주는 기능을 스냅샷(Snapshot)이라고 합니다. 이번 레슨에서는 스냅샷 기능을 사용해서 움직이는 영상 속 강아지를 정지된 이미지로 표현하는 시퀀스 효과를 만들어 보겠습니다.

1 메뉴 [File] - [New]를 클릭하여 새로운 프로젝트 HD 1080-60i (1920x1080, 29.970 fps)를 만들고, [Explorer] 탭에서 [바탕 화면] – [VEGAS Pro 16] – [Lesson21] – [video01] 파일을 마우스로 트랙에 넣어 줍니다.

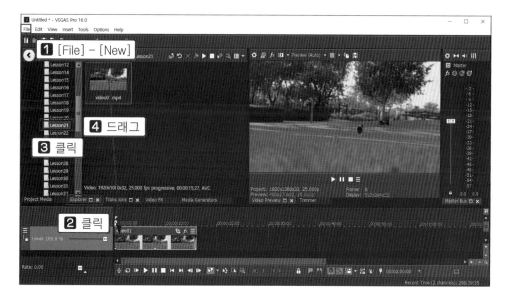

② 트랙에서 영상을 재생하면서 6초 지점에서 멈춘 다음, 미리 보기 화면 상단에 있는 Save Snapshot to File...(💾) 아이콘을 클릭합니다. 원하는 폴더에 파일명을 지정한 후 [저장]을 눌러 줍니다.

③ 같은 방법으로 8초 지점과 10초 지점에서 미리 보기 화면 상단에 있는 Save Snapshot to File...(💾) 아이콘을 눌러 스냅샷을 만들어 줍니다.

④ Ctrl+Shift+Q를 눌러 새로운 트랙을 추가한 다음, [Project Media] 탭에서 방금 저장한 이미지 중에 처음 이미지인 [Image01]을 새 트랙에 넣어 줍니다. 이때 이미지는 스냅샷을 저장한 위치인 6초에 그대로 넣어 줍니다.

⑤ 같은 방법으로 Ctrl+Shift+Q로 새 트랙을 추가하고 8초에 [Image02]를, 또 다시 새 트랙을 만들어서 10초에 [Image03]을 넣어 줍니다.

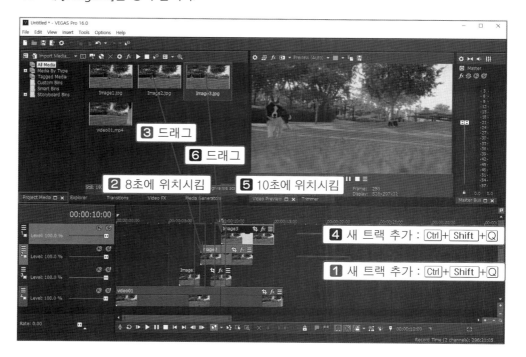

6 [Image01] 이벤트의 이벤트 팬/크롭(⬚)을 클릭합니다. 그 다음 [Video Event FX] 창 하단의 [Mask]를 체크하고, Anchor Creation Tool(⬚)을 선택합니다.

7 강아지가 작게 보여 정밀한 작업이 어렵기 때문에 작업 창에 마우스를 위치시키고 마우스 휠을 위로 올려 확대시켜 줍니다. 그런 후 마우스 클릭으로 점을 찍어 가며 강아지 모양 그대로 마스크를 적용해 줍니다. Anchor Creation Tool(⬚)을 사용 시 마지막에 처음 만든 점을 다시 한번 클릭해줘야 마스크가 적용됩니다.

iNFO Anchor Creation Tool(🔊) 점을 잘못 찍었을 때

점을 찍는 중간에 잘못 찍어 수정이 필요한 경우에는 Ctrl + Z 를 눌러 마지막으로 만든 점을 실행 취소하고 다시 올바른 곳을 찍어 줍니다.

⑧ 마스크를 조금 더 자연스럽게 적용하기 위해 [Feather type]을 Out으로 선택하고 [Feather (%)] 값을 1.0으로 설정합니다. 닫기(✖) 버튼을 눌러 이벤트 팬/크롭 창을 닫아 줍니다.

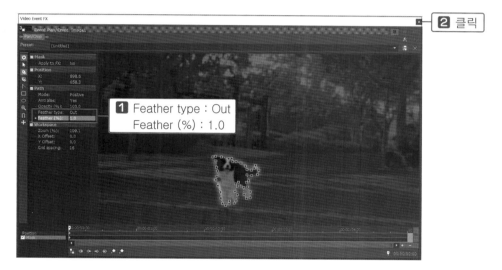

⑨ [Image02], [Image03] 이벤트 모두 동일하게 이벤트 팬/크롭을 열어 마스크를 적용해 줍니다.

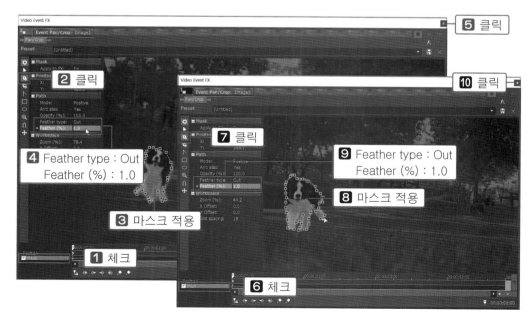

⑩ 각 이벤트의 끝(◄█►)에 마우스를 위치시킨 후 우측으로 드래그하여 원본의 길이와 동일하게 길이를 늘려 줍니다. 이때 하단 툴 바의 Enable Snapping(🧲)을 켠 상태로 길이를 맞추면 좀 더 수월하게 작업이 가능합니다.

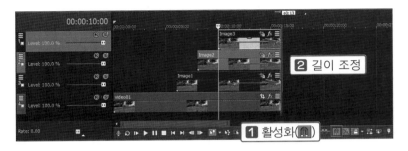

⑪ 프로젝트 파일을 저장하고 렌더링한 다음, 재생(▶)하여 결과를 확인합니다.

[VEGAS Pro 16] - [Project] - [lesson21.veg]
[VEGAS Pro 16] - [완성영상] - [lesson21.wmv]

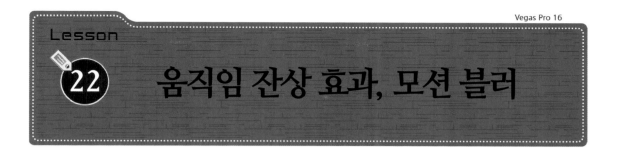

Vegas Pro 16

Lesson

22

움직임 잔상 효과, 모션 블러

모션 블러 (Motion Blur) 효과란 움직이는 사람이나 물체에 잔상이 생기는 효과를 말합니다.

① 모션 블러(Motion Blur) 적용하기

① 메뉴 [File] - [New]를 클릭하여 새로운 프로젝트(1920×1080)를 만들고, [Explorer] 탭에서 [바탕 화면]
의 [VEGAS Pro 16] - [Lesson22] - [video01]을 선택합니다. 이번 예제에서는 사운드가 필요 없기 때
문에 마우스 오른쪽 버튼(🖱)을 누르면서 드래그하고, [Video Only] - [Add Video Across Time]을 선
택하여 영상 트랙만 추가해 줍니다.

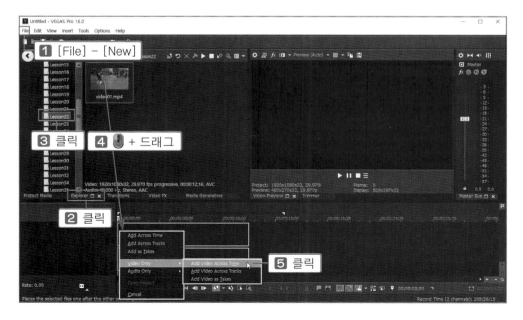

② 메뉴의 [View] – [Video Bus Track]을 선택합니다. 단축키 Ctrl + Shift + B로도 선택이 가능합니다.

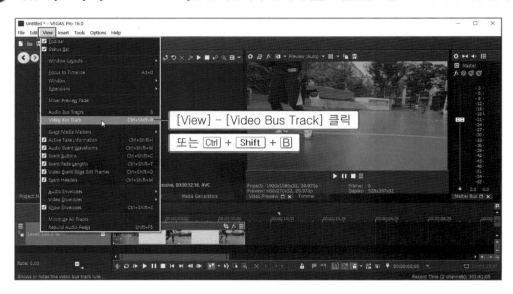

③ 아래에 생성된 [Video Bus Track]에서 [마우스 오른쪽 버튼 클릭( )] – [Insert/Remove Envelope] – [Motion Blur Amount]를 선택합니다.

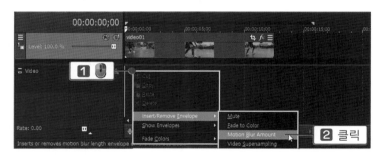

INFO Video Bus Track 폭 조절

Video Bus Track의 폭이 너무 넓거나 좁다면 상단 경계선에 마우스를 위치시킨 후 드래그하여 조절합니다.

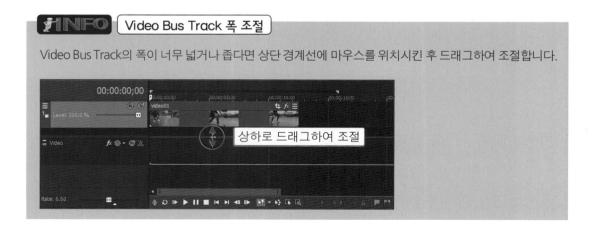

④ 생성된 선에 있는 포인트나 선 자체를 마우스로 드래그해서 위로 올려 주면 움직임에 잔상이 생기게
됩니다. 위로 올릴수록 잔상이 더 심하게 나타납니다.

[모션 블러를 적용한 화면]

❷ 부분적으로 모션 블러 적용하기

이벤트 전체가 아닌 일부에만 모션 블러 효과를 적용하겠습니다.

① 에디트 라인을 1초 지점으로 이동합니다. 에디트 라인에 맞춰 모션 블러 라인에 마우스를 더블 클릭해
서 새로운 포인트를 생성합니다. 새로 생성한 포인트 바로 뒤에 마우스를 놓고 다시 더블 클릭으로
포인트를 하나 더 생성해 줍니다.

2 같은 방법으로 5초 지점으로 에디트 라인을 옮긴 후, 모션 블러 라인에 포인트 2개를 붙여서 생성해 줍니다.

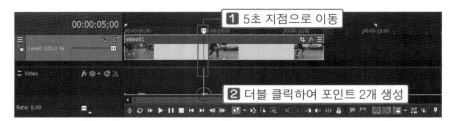

3 1초부터 5초 사이의 라인을 마우스로 드래그하여 위로 올려 줍니다. 이때 포인트 2개의 위치가 서로 직각에 위치하도록 좌우로 조금 이동시켜 줍니다.

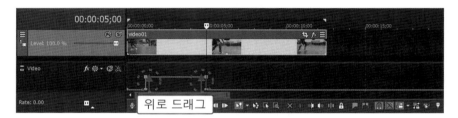

4 이렇게 하면 1초부터 5초 사이에만 모션 블러 효과가 적용된 것을 확인할 수 있습니다.

[모션 블러 적용한 부분]

[모션 블러 적용하지 않은 부분]

[VEGAS Pro 16] - [Project] - [lesson22.veg]
[VEGAS Pro 16] - [완성영상] - [lesson22.wmv]

iNFO 포인트를 2개 생성한 이유

포인트를 각각 1개씩만 만들어 주면 아래의 좌측 그림과 같은 형태로 라인이 변경됩니다. 이럴 경우 처음부터 1초 지점까지는 조금씩 모션 블러 효과가 생기다가 1초 이후에는 계속 모션 블러 효과가 적용되는 영상이 만들어집니다. 따라서 영상 중간 부분만 모션 블러를 적용하려면 이벤트의 앞과 끝에 각각 2개씩 포인트를 생성해줘야 합니다.

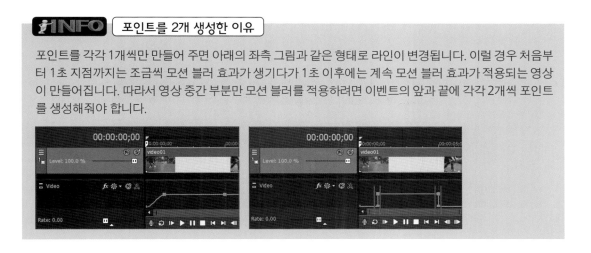

■ 모션 블러 효과 전체 적용 해제

Bypass FX and Envelopes(🛇) 버튼은 Video Bus Track에 들어 있는 FX와 엔벨로프(Envelopes) 기능들이 트랙에 적용되지 않도록 해제시키는 역할을 합니다. 따라서 모션 블러 효과를 해제하고 싶을 땐 Video Bus Track의 Bypass FX and Envelopes(🛇)를 클릭하여 파랗게(🛇) 표시되게 합니다.

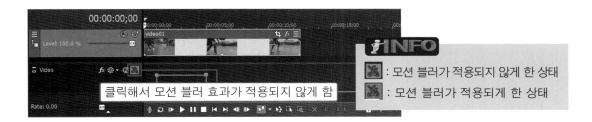

클릭해서 모션 블러 효과가 적용되지 않게 함

iNFO
🛇 : 모션 블러가 적용되지 않게 한 상태
🛇 : 모션 블러가 적용되게 한 상태

■ 모션 블러 효과 트랙별 적용 해제

모션 블러는 화면에 표시된 전체 트랙에 적용됩니다. 따라서 전체가 아닌 특정 트랙만 모션 블러 효과를 적용하고 싶지 않다면, 해당 트랙 리스트의 More(☰) 아이콘을 클릭해서 [Bypass Motion Blur]를 선택합니다.

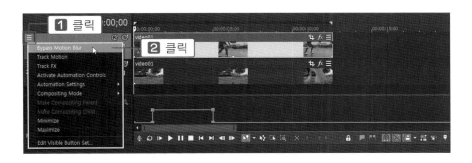

이렇게 하면 1번 트랙은 모션 블러 효과가 적용되지 않고, 2번 트랙의 영상에만 모션 블러 효과가 적용됩니다.

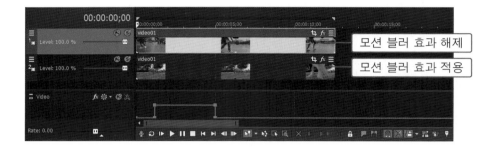

■ 모션 블러 효과 초기화

Video Bus Track에 마우스를 위치시킨 다음 [마우스 오른쪽 버튼 클릭] - [Motion Blur Amount]를 클릭해서 체크 해제하면 모션 블러 효과가 초기화됩니다.

[View] - [Video Bus Track]을 체크 해제해서 [Video Bus Track]이 보이지 않도록 합니다.

Vegas Pro 16

원하는 부분 색상 변경하기

Video FX 효과를 사용해서 영상 속 원하는 부분의 색상을 변경하는 방법에 대해 알아보겠습니다.

① 메뉴 [File] - [New]를 클릭하여 새로운 프로젝트 HD 1080-60i (1920x1080, 29.970 fps)를 만들고, [Explorer] 탭의 [바탕 화면] – [VEGAS Pro 16] – [Lesson23] 폴더에서 [video01] 파일을 마우스로 드래그하여 트랙에 넣어 줍니다.

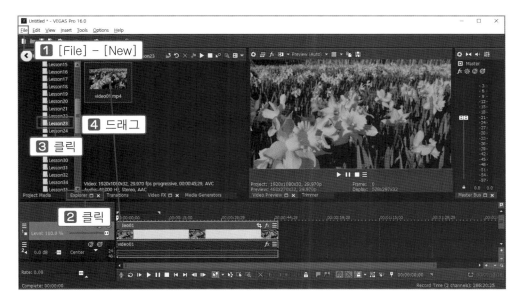

② [Video FX] 탭의 [Color Corrector (Secondary)] – [Default]를 마우스로 드래그하여 이벤트에 넣어
줍니다. [Color Corrector (Secondary)]는 영상 속에서 특정 부분을 선택하여 원하는 색상으로 변경할
수 있게 해주는 효과입니다.

③ 설정 창 중앙의 [Select effect range]를 클릭하고 미리 보기 화면으로 마우스를 옮기면 스포이트 모양
(🖉)으로 마우스 커서가 바뀐 것을 확인할 수 있습니다. 화면에서 변경을 원하는 색이 있는 영역을
마우스로 드래그하여 선택해 줍니다.

④ 설정 창의 [Show mask]를 체크하면 스포이트로 지정한 색상에 해당하는 부분이 흰색으로 표시됩니다. 이를 통해 원하는 영역이 제대로 선택되었는지 확인해 줍니다. 이 부분은 설정 창을 통해 세부적인 조정이 가능하기 때문에, 완벽하게 선택되지 않아도 괜찮습니다.

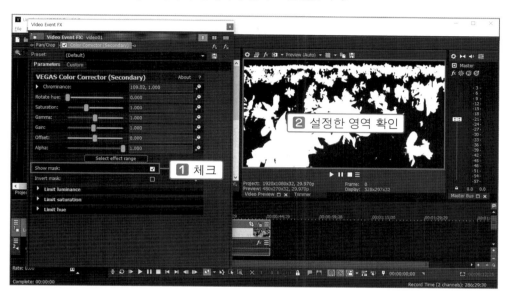

⑤ 색상 변경을 위해 [Show mask] 체크를 해제하고, [Chrominance] 앞의 ▶ 버튼을 눌러 확장 메뉴를 열어 줍니다. 이어서 마우스로 원하는 색상을 선택해 줍니다.

6 미리 보기 화면을 보면서 하단의 [Limit luminance], [Limit saturation], [Limit hue] 설정을 조정합니다.
영역 지정 시에 부족했던 부분들을 보완해서 최대한 완벽하게 색상 변경이 되도록 합니다.

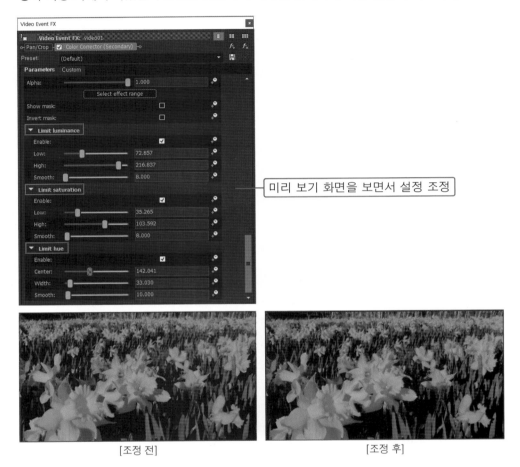

미리 보기 화면을 보면서 설정 조정

[조정 전]　　　　　　　　　　　　[조정 후]

7 프로젝트를 저장하고, 재생(▶)하여 결과를 확인합니다.

[원본 영상]　　　　　　　　　　　　[편집 후 최종 영상]

[VEGAS Pro 16] - [Project] - [lesson23.veg]
[VEGAS Pro 16] - [완성영상] - [lesson23.wmv]

■ Color Corrector (Secondary)

색상을 정밀하게 조정할 때 사용되는 Video FX 효과입니다. [Select effect range]를 통해서 특정 부분의 색을 변경할 수 있고, 범위를 선택하지 않을 경우엔 화면 전체에 대한 색을 세밀하게 조정할 수 있습니다.

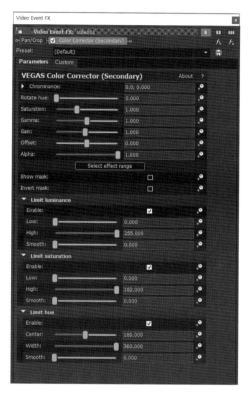

- Chrominance : 변경하고자 하는 색상을 선택할 수 있습니다. 색상을 변경한 후에 Rotate hue(색조), Saturation(채도), Gamma, Offset, Alpha 값을 통해 더욱 세밀한 색의 조정이 가능합니다.

- Select effect range : 특정 부분의 색상을 변경하고 싶을 때 클릭해서 범위를 설정합니다.

- Show mask : 선택한 범위가 흰색으로 표시됩니다.

- Invert mask : 선택한 범위의 반대 영역을 적용하고 싶을 때나 효과의 영향을 받게 하고 싶지 않을 때 체크해 줍니다.

- Limit luminance : 면적 당 밝기 정도를 조정합니다. 이 값을 적용하고 싶을 때 Enable에 체크한 뒤 Low(낮음)과 높음(High) 슬라이더를 사용해서 값을 설정해 줍니다. Smooth 값을 높일수록 색상이 부드럽게 혼합됩니다.

- Limit saturation : 선택한 영역의 채도를 조정합니다.
- Limit hue : 선택한 영역의 색조를 조정합니다. Center와 Width 슬라이더를 사용해서 색의 범위를 선택할 수 있습니다.

Lesson
24 글자 속 영상이 보이는 효과 만들기

Compositing Mode(컴포지팅 모드)를 사용해 두껍게 쓴 글자 안에 영상이 보이는 효과를 만들어 보겠습니다.

① 메뉴 [File] - [New]를 클릭하여 새로운 프로젝트 HD 1080-60i (1920x1080, 29.970 fps)를 만들고, [Explorer] 탭의 [VEGAS Pro 16] – [Lesson24] 폴더에서 글자 속에 보일 영상 [video01]을 마우스로 드래그하여 가져옵니다. 영상과 함께 있는 오디오 트랙은 필요 없기 때문에 오디오 트랙의 트랙 리스트를 클릭한 뒤 Delete 키를 눌러 삭제합니다.

② Ctrl+Shift+Q를 눌러 새 트랙을 추가한 뒤 [Media Generators] 탭에서 [(Legacy) Text] – [기본 텍스트]를 마우스로 드래그하여 새롭게 추가한 트랙에 넣어 줍니다.

③ 자막 입력 창에서 원하는 글자를 입력하고 글꼴과 글씨 크기 등을 변경합니다. 설정이 끝나면 창을 닫아 줍니다.

④ 1번 자막 트랙의 More(▤) 버튼을 클릭한 뒤 [Compositing Mode] – [Multiply (Mask)]를 적용해 줍니다. 이렇게 하면 1번 트랙보다 아래 있는 영상이 자막 속으로 보이는 것을 확인할 수 있습니다.

[미리 보기 화면]

⑤ 자막 이벤트의 끝(◀▶)에 마우스를 놓고 이를 드래그하여 영상 트랙과 길이를 맞춰 주고, 영상을 재생하여 확인합니다.

⑥ 이번엔 글자 뒤에 배경이 되는 다른 영상을 삽입하겠습니다. Ctrl+Shift+Q로 새 트랙을 추가합니다. 배경이 되는 영상을 넣을 트랙이기 때문에, 마우스로 드래그하여 가장 밑인 3번 트랙으로 이동시킵니다.

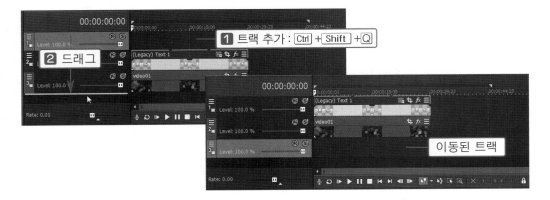

❼ 새로운 트랙에 [Explorer] 탭에서 [Lesson24] – [video02] 영상을 드래그해서 넣어 줍니다.

❽ 영상을 트랙에 넣어 줘도 미리 보기 화면에 [vidoe02] 영상이 보이지 않는 것을 확인할 수 있습니다. 이는 1번 트랙 아래 있는 모든 트랙에 Compositing Mode가 적용되어 있기 때문입니다. 따라서 1번 트랙과 2번 트랙을 부모-자녀 트랙으로 묶고, 3번 트랙의 영상은 단독으로 분리해야 합니다.

2번 트랙의 More(☰) 버튼을 클릭한 뒤 [Make Compositing Child]를 선택합니다.

❾ 이렇게 하면 [Compositing Mode] 효과는 1번 트랙과 2번 트랙에만 적용되고, 3번 트랙의 영상은 단독으로 분리되어 화면에 보이게 됩니다. 3번 트랙의 이벤트 길이를 마우스로 드래그하여 맞춰 줍니다.

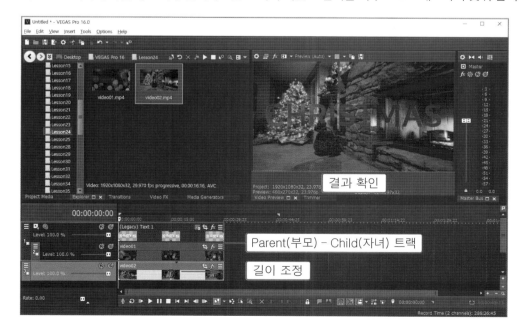

⑩ 이 상태로 완성해도 되지만 글자가 더 뚜렷하게 보이도록 자막 이벤트의 Generated Media...(🖼) 아 이콘을 클릭해서 외곽선을 넣어 주도록 하겠습니다.

[Effects] 탭을 선택한 뒤 [Outline]의 [Draw Outline]에 체크해주고, 원하는 색상과 두께를 선택한 뒤 창을 닫아 줍니다.

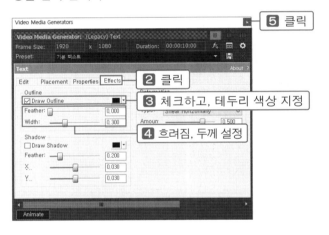

⑪ 필요하다면 자막의 위치, 그림자 등을 추가하여 꾸며 준 뒤 재생(▶)하여 결과를 확인합니다.

[VEGAS Pro 16] - [Project] - [lesson24.veg]
[VEGAS Pro 16] - [완성영상] - [lesson24.wmv]

지도 위에 원하는 경로를 따라 선이 그려지는 효과를 만들겠습니다. 이때 선은 포토샵을 사용해서 만들도록 하겠습니다.

1 포토샵에서 경로를 따라가는 선 만들기

1 포토샵에서 [파일] – [열기]를 눌러서 [바탕 화면]의 [VEGAS Pro 16] - [Lesson25] – [img01] 파일을 불러옵니다.

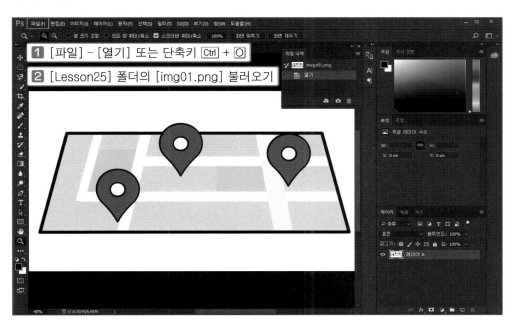

② 오른쪽 하단 [레이어] 탭에서 새 레이어(🔲) 아이콘을 클릭해서 새로운 레이어를 추가합니다.

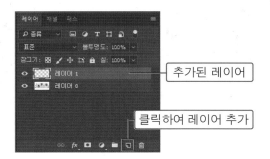

③ 새로 추가한 레이어에서 펜 툴(🖋)을 선택한 다음, 옵션을 [패스]로 지정합니다. 그 다음 원하는 경로를 순서에 따라 마우스로 클릭해서 선을 그려 줍니다.

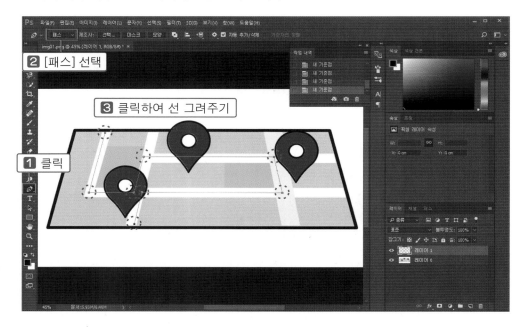

④ 브러시 툴( )을 선택합니다. 툴 옆에 [∨]를 눌러 브러시의 종류와 크기(예: 20px), 경도(예: 70%)를 선택해 줍니다.

⑤ 색상 툴을 클릭해서 원하는 선의 색상을 선택한 다음 [확인]을 눌러 창을 닫아 줍니다.

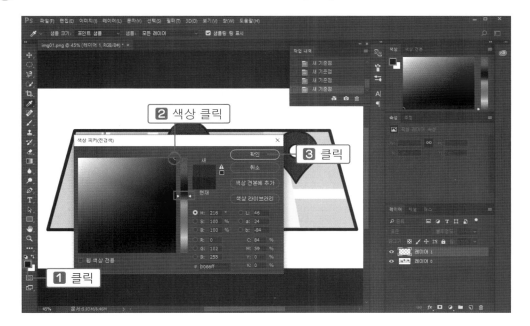

❻ 다시 펜 툴(✐)을 클릭하고 작업 화면에서 [마우스 오른쪽 버튼 클릭(🖱)] – [패스 획]을 선택합니다. [도구]를 [브러시]로 선택하고 [확인]을 클릭합니다.

❼ 선택한 색으로 선이 그어진 것을 확인할 수 있습니다. 다시 한번 작업 화면에서 [마우스 오른쪽 버튼 클릭] – [패스 삭제]를 클릭해서 패스를 지워 줍니다.

8 레이어 탭에서 새 레이어(⬚) 아이콘을 클릭해서 새로운 레이어를 하나 더 추가합니다. 그리고 색상을 검정색-흰색인 기본색으로 변경해 줍니다.

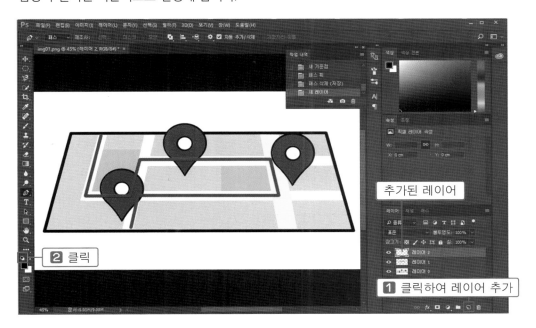

9 그 다음 레이어 탭에서 Ctrl 키를 누른 상태로 [레이어 1]을 클릭해 줍니다. 그럼 이전에 그렸던 라인이 선택된 것을 확인할 수 있습니다.

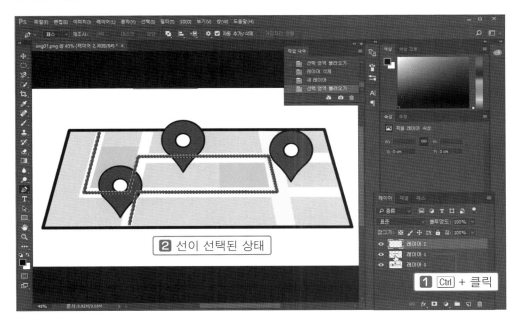

⑩ 선이 선택된 상태에서 브러시 툴(✎)을 선택하고, 브러시 크기를 80px 정도로 키워 줍니다. 그리고 옆의 브러시 패널(▦)을 열어 [색상]을 체크하고, [끝당 적용]을 체크합니다. [조절]을 [희미하게 하기]로 선택 후, 300 정도로 값을 설정해 줍니다.

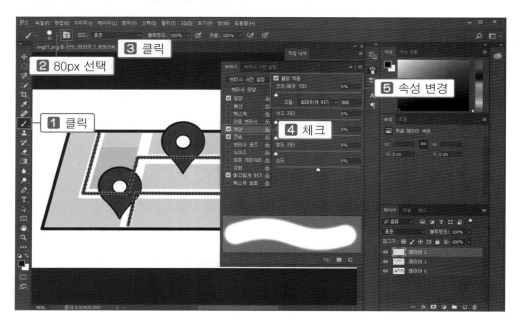

⑪ 브러시 패널(▦)을 클릭하여 닫아 준 다음, 마우스를 클릭한 채로 선을 따라 드래그합니다. 처음 부분은 진한 검정색에서 끝부분으로 갈수록 점점 연해지는 선이 그려지는 것을 확인할 수 있습니다.

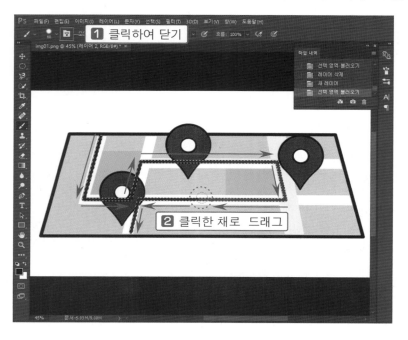

선을 다 그은 후에는 Ctrl + D를 눌러 선택을 해제합니다.

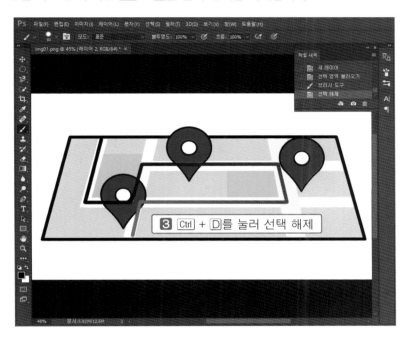

⑫ 이제 만든 선을 저장하도록 하겠습니다. 레이어 탭에서 [레이어 2]와 [레이어 0] 앞의 👁 아이콘을 클릭해서 화면에 [레이어 1]만 보이도록 만들어 줍니다.

⑬ 그 다음 [파일] – [저장]을 클릭해서 원하는 폴더에 [파일 이름]을 적어 주고, [파일 형식]은 반드시 PNG로 변경한 뒤 [저장]을 눌러 저장합니다. (※ 이렇게 저장하면 레이어 1만 저장됩니다.)

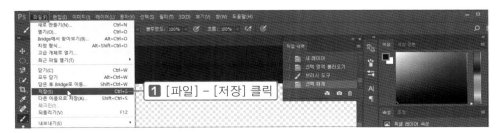

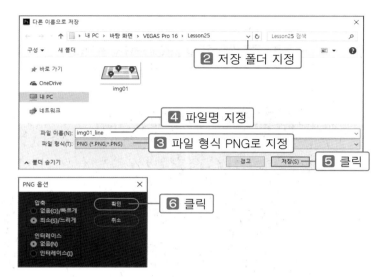

(14) 다음은 [레이어 2]만 보이도록 [레이어 2] 앞에만 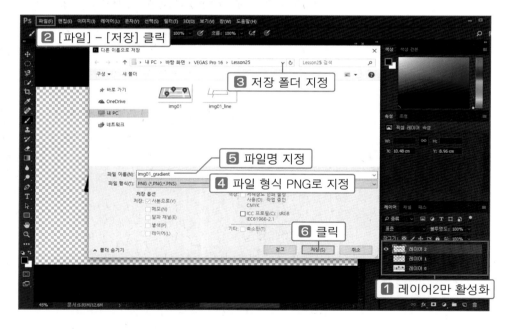 아이콘을 켜 둔 상태로 만든 뒤, 이미지를 저장합니다. [파일] – [저장]을 누른 다음 [파일 이름]과 [파일 형식]을 선택해서 저장합니다. 이번에도 PNG 형식으로 저장해 줍니다. 저장이 끝나면 포토샵을 종료합니다.

❷ 베가스에서 지도 위에 선 그려지는 효과 만들기

① 베가스 프로 16을 실행하여 [Explorer] 탭에서 [VEGAS Pro 16] 폴더의 [Lesson25] - [img01_line] 파일과 [img01] 파일을 트랙에 놓아 줍니다. 이때 [img01]이 아래 트랙에 놓이도록 배치해 줍니다.

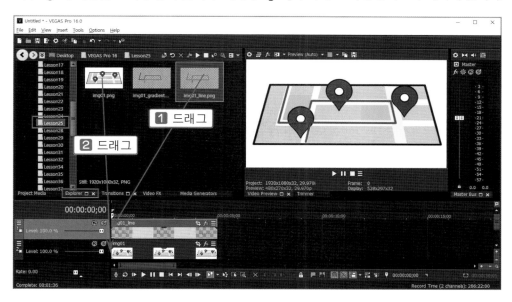

② 선이 그어져 있는 [img01_line] 이벤트의 앞쪽 위에 마우스(🔄)를 놓고 끝 부분까지 드래그해서 페이드 인(Fade in) 구간을 만들어 줍니다.

❸ [Transitions] 탭에서 [Gradient Wipe] – [Star]를 클릭해서 페이드 인 구간에 드래그합니다.

❹ 설정 창에서 [찾아보기]를 클릭, 포토샵으로 만들었던 [img01_gradient] 파일을 선택해서 열어 줍니다. 파일이 선택된 것을 확인하고 설정 창을 닫아 줍니다.

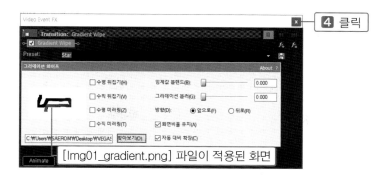

[Img01_gradient.png] 파일이 적용된 화면

5 재생(▶)하여 영상을 확인해보면 그린 경로 그대로 파란색 선이 그려지는 것을 확인할 수 있습니다.

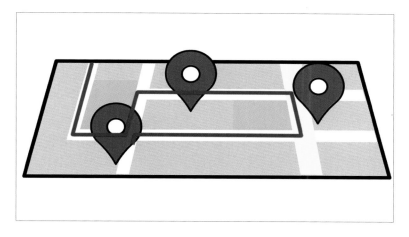

6 결과가 맞게 나왔다면, 메뉴의 [File] – [Save]를 클릭하거나 또는 화면 상단 툴 바의 Save(🖫) 아이콘을 눌러 프로젝트 파일로 저장합니다. 프로젝트 파일로 저장해두면 나중에 이를 불러서 다시 편집할 수 있습니다.

[VEGAS Pro 16] – [Project] – [lesson25.veg]
[VEGAS Pro 16] – [완성영상] – [lesson25.wmv]

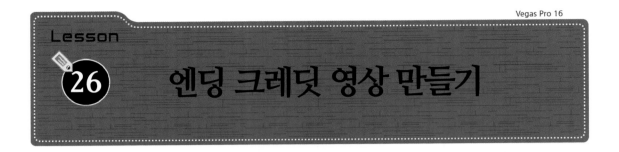

Lesson 26

엔딩 크레딧 영상 만들기

영화가 끝나고 나면 제작에 관련된 정보가 아래에서 위로 올라가는 엔딩 크레딧을 볼 수 있습니다. 이번 레슨에서는 베가스에서 제공하는 프리셋을 이용해서 간단하게 엔딩 크레딧을 만들어 보겠습니다.

① 메뉴 [File] - [New]를 클릭하여 새로운 프로젝트 HD 1080-60i (1920x1080, 29.970 fps)를 만들고, [Media Generators] 탭의- [Credit Roll]을 선택하면 베가스에서 제공하는 다양한 형태의 엔딩 크레딧 프리셋을 확인할 수 있습니다. 이 중 가장 기본적인 [검은색에 프레인 스크롤링]을 마우스로 드래그하여 트랙에 넣어 줍니다.

2 제목, 부제목 등으로 구분이 되어 있고, 각각 글꼴, 글자 크기 등을 다르게 설정할 수 있습니다. 우선 [Hdr] 아이콘 뒤의 [Title Text]를 더블 클릭해서 원하는 제목을 입력합니다.

3 삭제하고 싶은 줄이 있다면 줄을 클릭해서 선택한 다음, 상단의 Delete current row or selected rows (←트) 아이콘 또는 키보드 [Delete] 키를 눌러 줍니다.

4 하단의 [Item left]와 [Item Right]도 더블 클릭해서 내용을 입력합니다. 줄을 삽입하고 싶다면 상단의 아이콘 Insert a row(→트) 또는 하단의 [Insert Text Here] 앞의 ☐ 아이콘을 클릭한 뒤에 원하는 형식 을 선택해 줍니다.

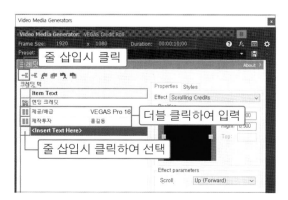

⑤ 오른쪽에 [Styles]를 선택하고, 타이틀 줄을 선택합니다. 그 다음 원하는 글씨체와 크기 등을 설정해 줍니다.

⑥ 같은 방법으로 줄을 삽입해서 자막을 입력하고, 글꼴 설정을 변경해서 엔딩 크레딧을 완성합니다. 입력이 모두 끝나면 닫기(⊠) 버튼을 눌러 창을 닫아 줍니다.

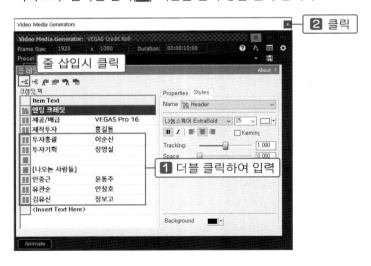

7 작업한 것을 메뉴 [File] - [Save]로 프로젝트를 저장하고, 재생(▶)하여 결과를 확인합니다.

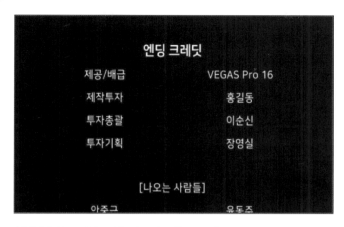

[VEGAS Pro 16] - [Project] - [lesson26.veg]
[VEGAS Pro 16] - [완성영상] - [lesson26.wmv]

■ 엔딩 크레딧 위치 설정 방법

엔딩 크레딧의 위치를 변경하고 싶을 땐 설정 창의 [Properties] 탭에서 [Position]을 이용합니다. 파란 사각형 좌우의 선에 마우스를 놓고 드래그하여 위치를 변경할 수 있습니다.

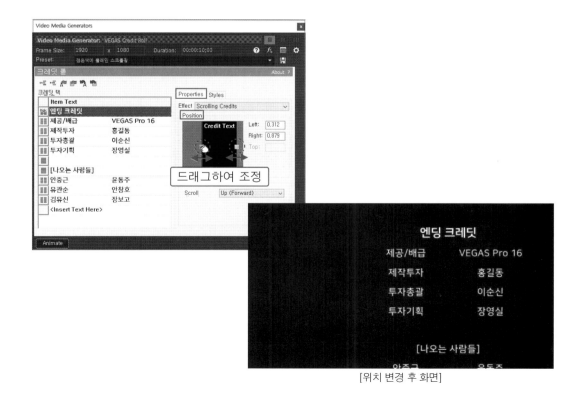

[위치 변경 후 화면]

■ 엔딩 크레딧 위치 속도 조절

엔딩 크레딧이 올라오는 속도를 조절할 때는 이벤트의 속도 조절과 같은 방법을 사용합니다. 조금 더 천천히 올라오게 하고 싶을 땐 이벤트 끝에 마우스(⟷)를 놓고 Ctrl 키를 누른 채 오른쪽으로 드래그해서 이벤트를 늘려 줍니다.

반대로 빠르게 올라오게 하고 싶을 때는 이벤트 끝에 마우스(⟷)를 놓고 Ctrl 키를 누른 채 왼쪽으로 드래그해서 이벤트 길이를 줄여 주면 됩니다.

INFO | 엔딩 크레딧의 길이를 Ctrl 키를 이용하여 조정하는 이유 |

일반적으로 이벤트의 길이를 조절하려면 이벤트 끝에서 마우스(⟷)를 위치시키고 좌우로 드래그하면 됩니다. 그러나 엔딩 크레딧을 이렇게 길이 조절하면 엔딩 크레딧의 스크롤 속도는 변화가 없고 엔딩 크레딧이 재생되는 시간이 늘어나거나 줄어듭니다.

예를 들어 엔딩 크레딧의 길이를 길게 한 경우, 같은 내용의 크레딧 자막이 반복되는 현상이 나타날 수 있습니다. 따라서 엔딩 크레딧의 길이는 Ctrl 키를 누른 채 드래그하여 길이를 조절하여야 크레딧의 스크롤 속도가 조정됩니다.

Vegas Pro 16

Lesson 27

한 글자씩 써지는 자막 만들기

자막에 효과를 주기 위해서는 보통 [Titles & Text]의 애니메이션 기능을 사용하게 됩니다. 하지만 한 글자씩 나타나는 자막의 경우, 이를 구현해주는 애니메이션 기능이 없기 때문에 [ProType Titler]를 사용해 직접 구현해줘야 합니다.

1 새로운 프로젝트를 만들고, [Media Generators] 탭에서 [ProType Titler] – [Empty]를 마우스로 드래그하여 트랙에 넣어 줍니다.

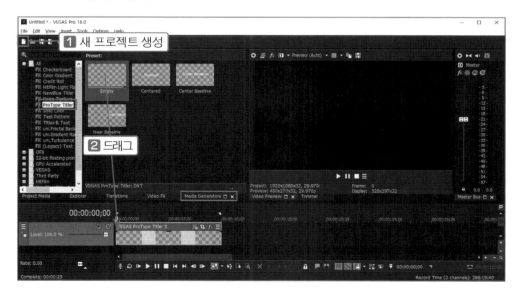

② Add New Text Block(➕) 아이콘을 눌러서 원하는 자막을 입력합니다. 입력한 자막을 마우스로 드래
그하여 전체 선택한 다음 원하는 글씨체, 글씨 크기 등을 설정해 줍니다. 설정이 끝나면 Esc 키를 눌러
서 편집 모드를 종료합니다.

③ 그 다음 [Layout] 탭의 [Selection]을 선택하고, 예제가 한 글자씩 나타나게 하는 것이므로 [Selection
Type]은 Character로 지정합니다. 그 후, 하단 타임 라인에서 [Right]의 포인트를 마우스로 드래그하
여 가장 아래로 내려 줍니다.

④ 5초 지점으로 에디트 라인을 이동시킨 다음 [Right]의 라인에 더블 클릭해서 포인트를 새로 생성합니다.

⑤ 그 다음 새로 생성한 포인트를 드래그해서 가장 위로 올려 줍니다.

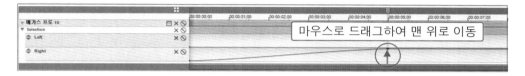

⑥ [ProType Titler] 설정 창을 닫고, 재생(▶)하면 한 글자씩 화면에 나타나는 영상을 확인할 수 있습니다.

[VEGAS Pro 16] - [Project] - [lesson27.veg]
[VEGAS Pro 16] - [완성영상] - [lesson27.wmv]

ℹINFO 나타나는 글자 속도 조절

글자를 더 느리게 또는 더 빠르게 나타내려면 타임 라인에서 포인트 위치를 이동시켜 주면 됩니다. 뒤쪽 5초 지점에 만들어줬던 포인트를 마우스로 드래그하여 앞쪽으로 이동시켜 주면 글자가 더 빠르게 나타나고, 뒤쪽으로 이동시킬 경우 더 느리게 나타나게 됩니다.

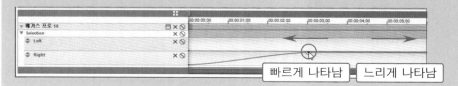

■ Fade 효과 없애는 방법

글자가 나타날 때 화면처럼 서서히 글자가 나타나는 것을 볼 수 있습니다.

이렇게 희미하게 보이는 효과를 없애기 위해서는 [Layout] 탭에서 [Fade Selection]의 체크
를 해제해주면 됩니다.

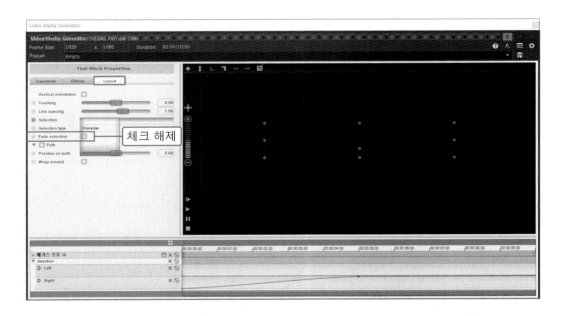

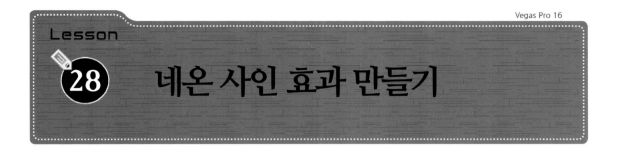

Lesson

28

네온 사인 효과 만들기

이번 레슨에서는 Video FX 효과를 사용해서 반짝반짝 빛나는 네온 사인 느낌의 글자를 만들어 보겠습니다.

① 새로운 프로젝트 HD 1080-60i (1920x1080, 29.970 fps)를 만들고, [Explorer] 탭에서 [바탕 화면]의 [VEGAS Pro 16] - [Lesson28] - [vidoe01] 파일을 드래그해서 트랙에 넣어 줍니다.

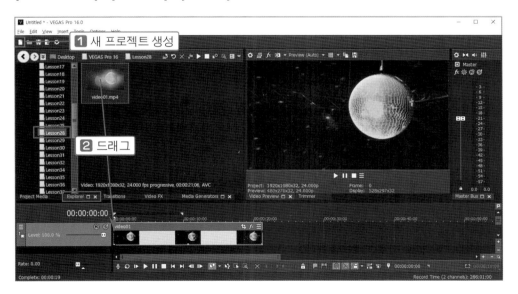

② 생략해도 되는 부분이지만 빛나는 네온 사인 글자가 더욱 부각되도록 배경이 되는 영상을 조금 어둡게 조정을 해주겠습니다. [Video FX] 탭에서 [Brightness and Contrast] - [Darker]를 드래그해서 이벤트에 적용해 줍니다.

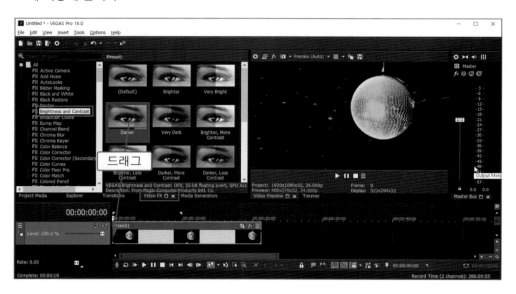

③ Ctrl + Shift + Q를 눌러 새로운 트랙을 추가하고, [Media Generators] 탭에서 [(Legacy) Text] – [기본 텍스트]를 새로 추가한 트랙에 마우스로 드래그합니다.

❹ 원하는 글자를 입력하고, 글씨체, 글자 크기, 정렬 방법 등을 설정합니다.

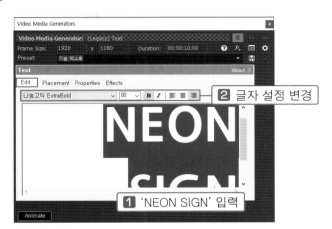

❺ [Placement] 탭을 선택해서 원하는 위치에 글자를 위치시킵니다.

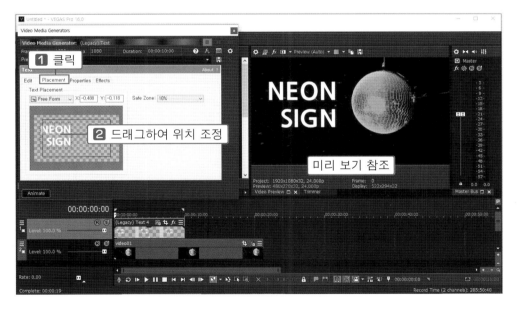

6 [Properties] 탭을 선택한 다음, [Text Color]의 [Alpha] 값을 0%로 만들어서 글자를 투명하게 만들어 줍니다. 슬라이더를 마우스로 드래그 해서 가장 아래로 내려 주면 0%로 적용됩니다.

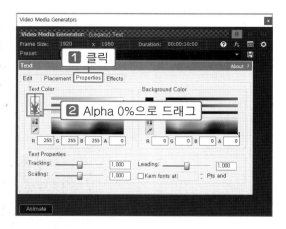

7 [Effects]를 클릭한 뒤 [Outline]의 [Draw Outline] 을 체크해서 글자에 외곽선을 만들어 줍니다. 원하는 외곽선의 색상을 선택한 다음 [Feather] 값을 0.000으로 적용해 주고, [Width] 값을 0.300으로 변경해서 외곽선을 조금 두껍게 표 현해 줍니다. 설정이 끝나면 닫기(⊠) 버튼을 눌러 창을 닫습니다.

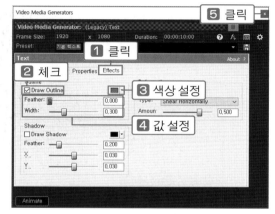

8 [Video FX] 탭의 [Glow] – [Default]를 마우스로 드래그하여 텍스트 이벤트에 적용해 줍니다.

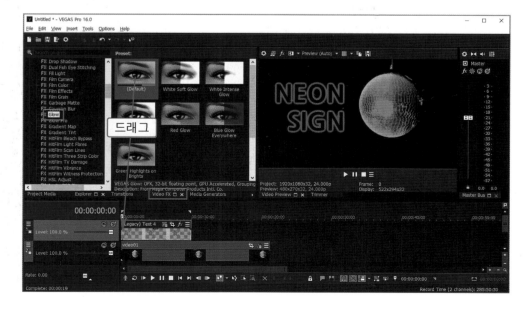

9 [Color]를 클릭해서 스포이트( ) 아이콘을 선택합니다. 그 다음 미리 보기 화면에서 글자의 외곽선을 선택해서 외곽선에서 사용한 색상을 선택해 줍니다.

10 [Glow Percent] 값을 0.250, [Intensity] 값을 1.500으로 변경해서 글자가 빛나는 효과를 추가해 줍니다. 닫기( ) 버튼을 눌러 설정 창을 닫아 줍니다.

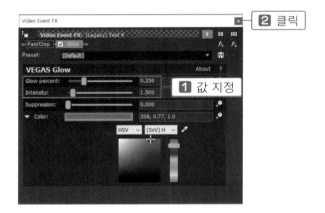

11 텍스트 이벤트의 길이를 영상의 길이와 동일하게 맞추기 위해 텍스트 이벤트 끝( )을 마우스로 드래그하여 끌어 끝을 맞춰 줍니다.

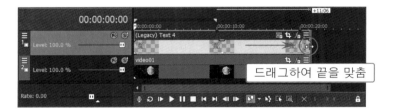

⑫ 네온사인 자막에 깜빡 거리는 효과를 추가하고 싶다면 [Video FX] 탭의 [Levels] – [Default]를 텍스트 이벤트에 넣어 줍니다.

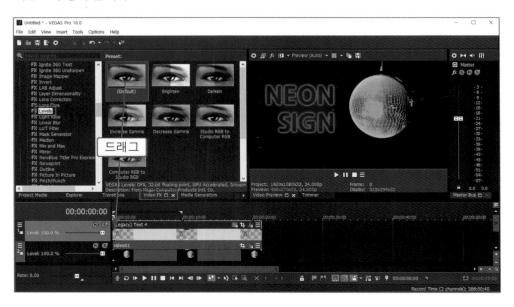

⑬ [Output end]의 Animate(🔘) 버튼을 누릅니다. 그 다음 타임 라인의 1초 지점으로 에디트 라인을 이 동시키고 [Output end] 값을 0.500 정도로 줄여 줍니다.

⑭ 그 다음에는 2초 지점으로 에디트 라인을 이동시키고 [Output end] 값을 1.000으로 올려 줍니다.

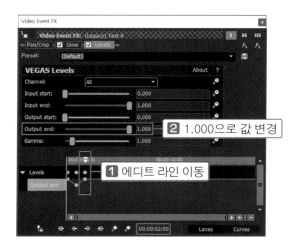

⑮ 깜빡임을 반복시키기 위해서 포인트를 복사해 줍니다. 두 번째 포인트를 클릭하고 [Shift] 키를 누른 채로 세 번째 포인트를 클릭해 두 포인트를 동시에 선택해 줍니다. 그 다음 [Ctrl]+[C]를 눌러 복사합니다.

⑯ 3초 지점에 에디트 라인을 위치시키고 [Ctrl]+[V]를 눌러 붙여넣기 합니다.

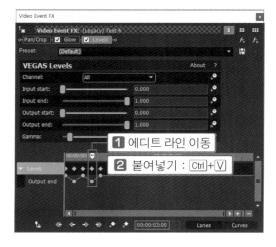

⑰ 위와 같은 작업을 5초부터 2초 간격으로 타임 라인 끝까지 반복하고 [Video Event FX] 창을 닫습니다.

⑱ 재생(▶)하여 결과를 확인합니다.

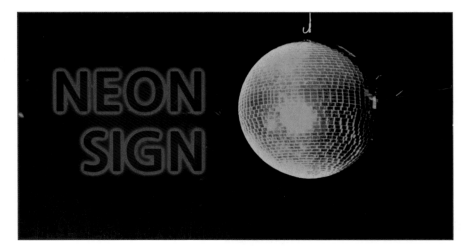

[VEGAS Pro 16] - [Project] - [lesson28.veg]
[VEGAS Pro 16] - [완성영상] - [lesson28.wmv]

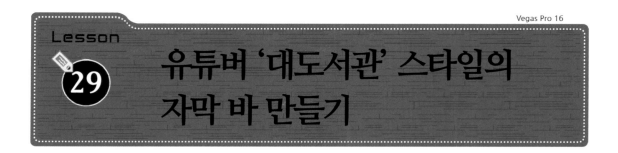

Vegas Pro 16

Lesson 29
유튜버 '대도서관' 스타일의 자막 바 만들기

이번 레슨에서는 많은 영상에서 사용되고 있는 유튜버 '대도서관' 스타일의 자막 바를 만들어 보겠습니다.

① 자막 바 만들기

① [Media Generators] 탭에서 [Solid Color] – [White]를 트랙에 넣어 준 다음, [Color]를 클릭해서 원하는 색상을 선택해주고 창을 닫습니다.

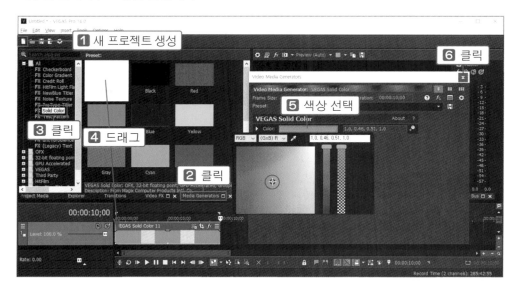

② [Video FX] 탭에서 [부드러운 대비] – [Warm Vignette]를 드래그해서 이벤트에 적용합니다.

③ 설정 창의 [Effect] 탭에서 [Contrast] 값을 0.00으로 변경해 줍니다.

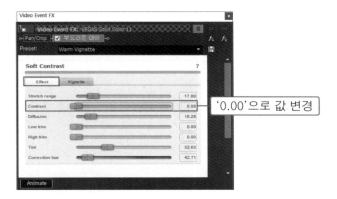

'0.00'으로 값 변경

④ [Vignette] 탭을 클릭하고, [Exterior effect]를 [Transparent]로 선택해 줍니다. 그 다음 [Softness] 값도 0.00으로 변경합니다. 이렇게 설정해 주면 모서리가 둥근 사각형이 만들어집니다.

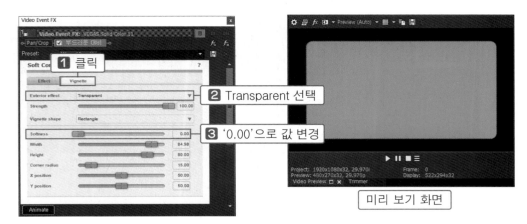

1 클릭
2 Transparent 선택
3 '0.00'으로 값 변경
미리 보기 화면

❺ [Width] 값을 80.00, [Height] 값을 15.00으로 변경해서 자막 바 모양을 만들어 줍니다. 그 다음, 모서리를 조금 더 둥글게 표현하기 위해서 [Corner radius] 값을 22.00으로 설정해 줍니다.

[X Position]과 [Y Position] 값을 조정하면 자막 바의 위치를 설정할 수 있습니다. 가로 위치는 그대로 두고, [Y Position] 값만 85.00으로 설정해서 자막 바가 하단에 위치하도록 했습니다. 위치 설정이 끝나면 닫기(✕)를 눌러 설정 창을 닫아 줍니다.

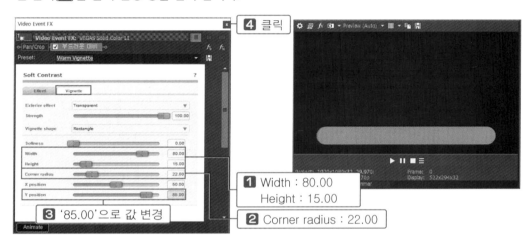

❻ Ctrl+Shift+Q를 눌러 새 트랙을 추가하고, 2번 트랙의 자막 바 이벤트를 Ctrl 키를 누른 채 위쪽 새 트랙에 마우스로 드래그해서 복사해 줍니다. 이때 옵션은 상단의 [Create a new copy of the source media]를 선택합니다.

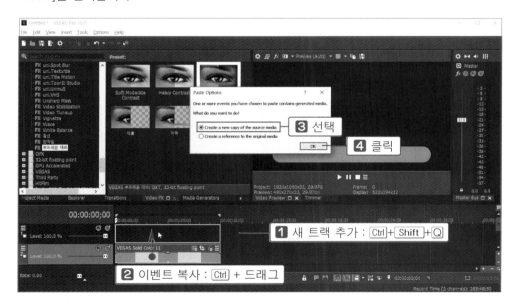

iINFO [Paste Options(붙여넣기 옵션)]

이벤트를 복사해서 붙여 넣을 때 두 번째 옵션인 [Create a reference to the original media]를 선택한 경우, 원본 이벤트의 설정이 변경되면 복사한 이벤트의 설정도 함께 변경됩니다. 참고로 [Duplicate Track]을 통해 복사할 경우에도 원본과 복사한 이벤트의 설정이 함께 변경됩니다.

⑦ 1번 트랙 이벤트의 Generated Media(▦)를 선택한 다음, 흰 색으로 색상을 변경하고 설정 창을 닫습니다.

⑧ 그 다음 이벤트의 Event FX...(▦) 아이콘을 클릭해서 [Video Event FX] 설정 창을 열어 줍니다.

[Vignette] 탭을 선택하고 [Width] 값을 65.00으로 [Height] 값을 13.00으로 설정해서 처음에 만든 자막 바 보다 작게 만들어 줍니다. 그 다음 [X Position] 값을 조정해서 미리 보기 화면으로 봤을 때 처음에 만든 자막 바 속의 오른쪽에 위치하도록 설정해 줍니다.

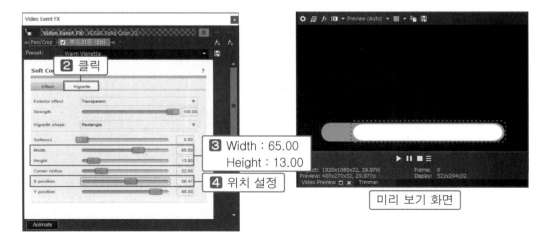

⑨ 다시 한번 Ctrl+Shift+Q를 눌러 새 트랙을 만들어 줍니다. 3번째 트랙에 있는 이벤트를 Ctrl 키를 누른 채 1번 트랙으로 드래그하여 복사합니다. 붙여넣기 옵션은 첫 번째 옵션인 [Create a new copy of the source media]를 선택합니다.

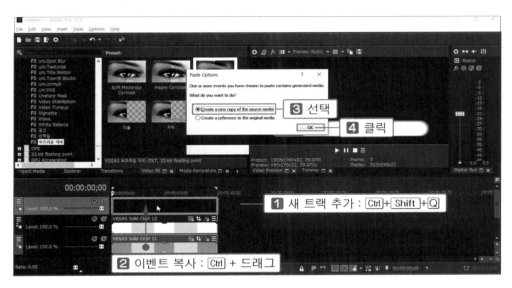

⑩ 붙여넣기 한 1번 트랙의 Event FX...(🔧)를 눌러 설정 창을 열어 줍니다.

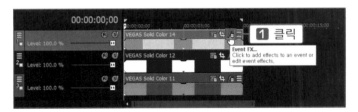

[Vignette] 탭에서 가로길이인 [Width] 값을 20.00으로 설정하고 [X position]을 조정하여 미리 보기 화면과 같이 왼쪽 끝으로 위치를 조정해 줍니다.

미리 보기 화면

2 자막 입력하기

앞서는 자막 바를 만들었다면 이제 그 위에 나타날 자막을 만들겠습니다.

1 자막을 입력하기 위해서 Ctrl + Shift + Q 를 눌러 트랙을 추가하고, [Media Generators] 탭에서 [기본 텍스트]를 선택해서 트랙에 넣어 줍니다.

2 원하는 자막을 입력하고, 글씨체와 글씨 크기 등의 글씨 설정을 합니다.

③ [Placement] 탭을 선택한 다음 미리 보기 화면을 보면서 마우스로 드래그하여 위치를 설정합니다. 이때 Y의 위치 값을 기억해 둡니다. 조정이 끝나면 닫기(💌)를 눌러 창을 닫아 줍니다.

④ Ctrl+Shift+Q를 눌러 트랙을 하나 더 추가합니다. 그 다음 방금 만들었던 자막 이벤트를 클릭, Ctrl 키를 누른 채 마우스로 드래그해서 복사해 줍니다. 옵션은 첫 번째에 있는 [Create a new copy of the source media]를 선택합니다.

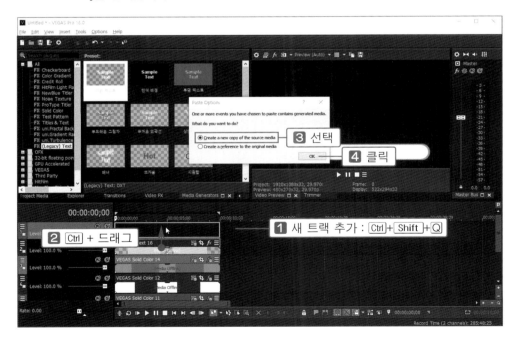

⑤ 1번 트랙의 Generated Media(📄)를 선택한 다음, 원하는 자막을 입력하고 글자 설정을 합니다.

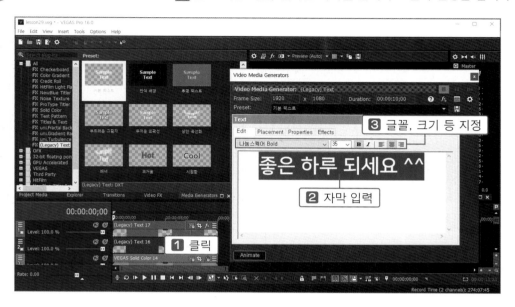

⑥ 흰 색의 자막 바 위에 보이는 자막이기 때문에 [Properties] 탭을 선택해서 [Text Color]에서 흰색 이외의 색상을 선택해 줍니다.

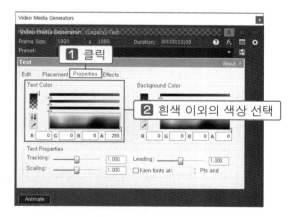

⑦ [Placement] 탭을 선택해서 자막의 위치를 설정해 줍니다. 이때 Y 값의 경우 이전에 기억하고 있었던 값을 입력해서 동일한 위치에 있도록 조정합니다.

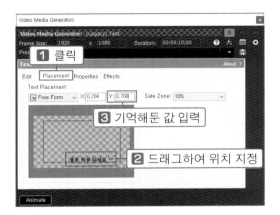

⑧ [Explorer] 탭에서 배경이 되는 영상인 [바탕 화면]의 [VEGAS Pro 16] − [Lesson29] − [vidoe01]을 가장 아래에 있는 트랙 밑 공간에 넣어 줍니다.

⑨ 재생(▶)하여 확인합니다. 확인이 끝나면 나중에 다시 편집할 수 있게 프로젝트를 저장해둡니다.

[VEGAS Pro 16] − [Project] − [lesson29.veg]
[VEGAS Pro 16] − [완성영상] − [lesson29.wmv]

③ 자막 바 Preset 설정하기

자막의 경우 영상에서 여러 번 사용하게 되는데 그때마다 새롭게 만드는 것은 너무 번거로울 수 있습니다. 이럴 때 Preset 기능을 활용하면 새로 만들지 않고도 자막 바를 불러올 수 있습니다.

① 자막 바 중 트랙 3의 Event FX(🔳)를 선택해서 설정 창을 열어 줍니다.

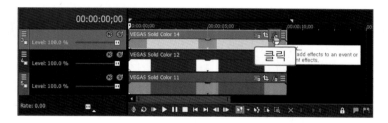

② 설정 창 상단의 [Preset] 부분에 원하는 이름을 입력한 다음, 오른쪽 Save Preset(🔳) 버튼을 눌러 저장해 줍니다.

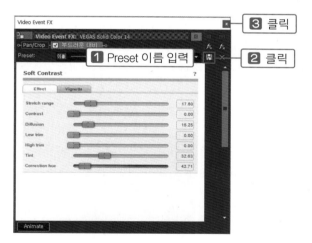

③ 같은 방법으로 나머지 4번, 5번 트랙 자막 바의 Event FX(🔳)를 클릭해서 Preset을 저장합니다.

INFO Preset(프리셋)을 삭제하기

간혹 Preset을 잘못 저장했거나 더 이상 필요하지 않아 삭제하고 싶을 때는, 삭제하고 싶은 Preset을 선택한 다음 오른쪽의 Delete Preset(☒) 버튼을 눌러 줍니다.

④ Preset 저장이 끝났다면 새로운 프로젝트에서 Preset을 이용해서 자막 바를 만들어 보겠습니다. 상단 툴 바의 New Empty Project(🗋)를 클릭해서 새 프로젝트를 만들어 줍니다.

⑤ [Media Generators] 탭에서 [Solid Color] – [White]를 트랙에 넣어 주고, [Color]에서 원하는 색상을 선택하고 창을 닫습니다.

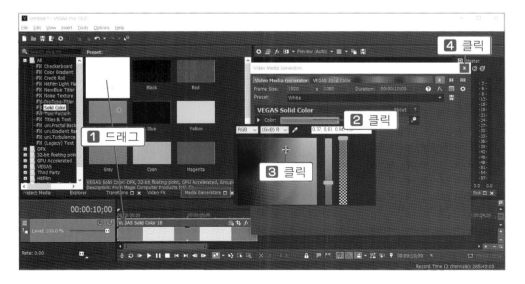

6 [Video FX] 탭에서 [부드러운 대비] – [Warm Vignette]를 드래그하여 이벤트에 적용해 줍니다.

7 그 다음 상단의 [Preset]을 설정해서 이전에 저장해 두었던 '배경' Preset을 선택합니다. 그러면 새로 자막 바를 만들지 않아도 이전에 만들어 뒀던 설정 그대로의 자막 바가 만들어지는 것을 확인할 수 있습니다.

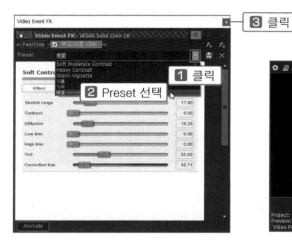

❽ Ctrl+Shift+Q를 눌러 새로운 트랙을 추가한 다음 Ctrl 키를 누른 채 위쪽으로 마우스로 드래그해서 이벤트를 복사해 줍니다. 이때 옵션은 [Create a new copy of the source media]를 선택합니다.

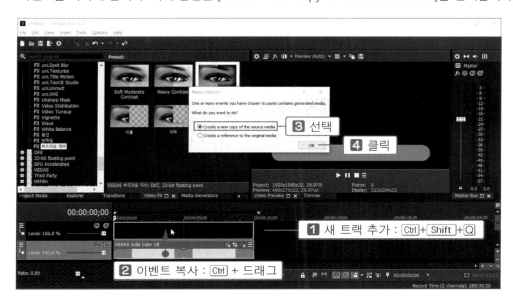

❾ 1번 트랙의 Event FX(∫) 버튼을 눌러 설정 창을 열어준 다음, [Preset]에서 '자막'을 선택하고 창을 닫아 줍니다. 그 다음 Generated Media(🖼)를 클릭해서 색상을 흰색으로 변경합니다.

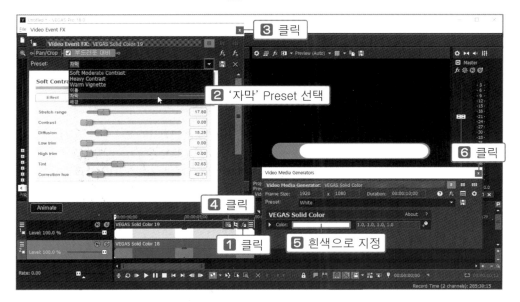

⑩ 마지막으로 Ctrl + Shift + Q로 트랙을 추가하고 맨 아래 이벤트를 맨 위로 복사합니다. 그 후, 1번 트랙의 Event FX(🎞️) 버튼을 눌러 [Preset] 중 '이름'을 선택합니다.

⑪ 이렇게 저장해둔 Preset 기능을 이용하면 새롭게 자막 바를 만들지 않고도 간편하게 자막 바를 만들수 있습니다.

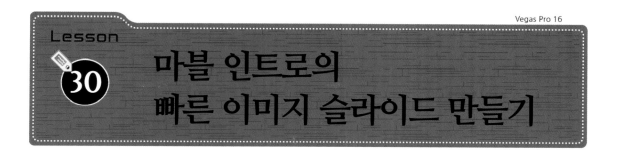

Vegas Pro 16

Lesson 30 마블 인트로의 빠른 이미지 슬라이드 만들기

다양한 히어로가 나오는 마블(MARVEL)의 영화 인트로를 보면 많은 이미지가 빠르게 슬라이드 되는 효과를 볼 수가 있습니다. 이번 레슨에서는 그와 같이 속도감 있는 이미지 슬라이드 효과를 만들어 보겠습니다.

1 상단 메뉴에서 [Options] – [Preferences]를 클릭합니다.

이미지가 빠르게 슬라이드 되는 영상을 만들기 위해서는 이벤트 각각의 길이를 짧게 설정해 줘야 합니다. 여러 장의 이미지의 길이를 각각 조정해 주는 것은 번거롭기 때문에 한 번에 이미지의 길이를 설정해 주도록 하겠습니다.

② [Editing] 탭을 클릭한 다음 한 프레임당 이미지의 길이를 설정해주는 [New still image length (seconds)]의 값을 0.350으로 입력해 줍니다. [Apply]를 눌러 적용시켜 주고 [OK]를 누릅니다.

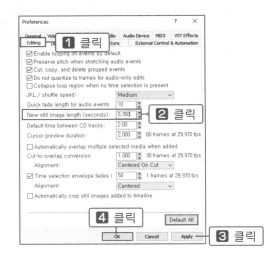

jINFO [이미지 길이 초기화]

이번 예제가 끝나고 다음 작업을 할 때에는 베가스 메뉴 [Options] - [Preferences]를 눌러 나타나는 [Preferences] 창의 [Editing] 탭에서 [Default All]을 누르고 [OK]를 눌러 이미지 길이를 초기화 해야만 다른 작업을 하는데 불편하지 않습니다.

③ [Explorer] 탭에서 [바탕 화면]의 [VEGAS Pro 16] - [Lesson30] 폴더를 선택합니다. [img01]을 클릭하고 마지막 [img05]를 Shift 키를 누른 채 클릭해서 이미지를 전체 선택해 줍니다. 그 다음 선택된 것을 마우스로 드래그해서 트랙에 이미지 전부를 넣어 줍니다.

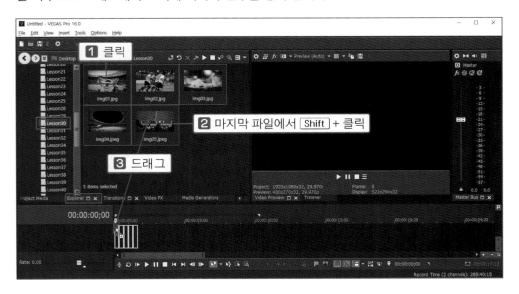

④ 옵션에서 이미지 길이를 짧게 설정했기 때문에 수월한 작업을 위해 마우스 휠을 위쪽으로 돌려주거나 트랙 우측 하단의 Zoom In Time(➕)을 눌러 트랙을 확대해 줍니다.

[확대 전]　　　　　　　　　　　　　　[확대 후]

⑤ 빠르게 슬라이드 되는 속도감을 표현하기 위해 [Video FX] 탭에서 [Linear Blur] – [Vertical Extreme]를 맨 앞에 있는 이벤트에 적용해 줍니다.

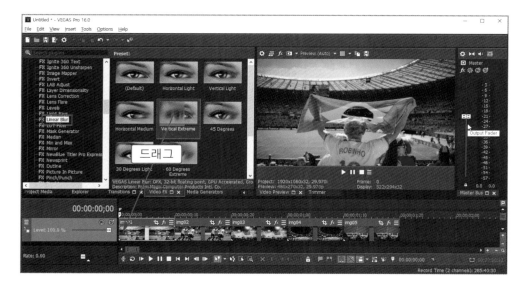

⑥ 설정 창에서 [Amount]의 Animate(📷)를 클릭합니다. 하단의 Sync Cursor(📷)를 켜고 에디트 라인을 7초 지점으로 이동시킨 뒤, [Amount] 값을 0으로 설정해 줍니다. 설정이 끝난 뒤 닫기(✖)를 클릭해 창을 닫아 줍니다.

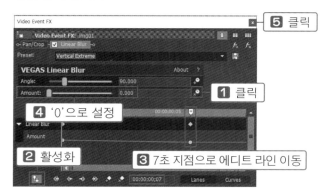

7 이벤트의 앞쪽 상단에서 마우스()로 드래그해서 페이드 인(Fade in) 효과를 넣어 줍니다.

8 페이드 인 효과를 준 곳에 [Transitions] 탭의 [Linear Wipe] – [Top-Down, Soft Edge]를 넣고 열린 창을 닫습니다.

9 첫 번째 이벤트에 넣은 효과를 다음 이벤트에도 동일하게 넣기 위해 효과를 복사한 후 붙여 넣도록 하겠습니다. 첫 번째 이벤트에 마우스를 위치시키고 [마우스 오른쪽 버튼 클릭] – [Copy]를 선택합니다.

⑩ 두 번째 이벤트를 클릭하고 마지막 이벤트를 [Shift] 키를 누른 채로 클릭해서 부분 선택을 합니다.
그 다음 마지막 이벤트 위에서 [마우스 오른쪽 버튼 클릭(🖱)] – [Paste Event Attributes]를 클릭합니다.

⑪ 마우스로 드래그해서 각각의 이벤트를 겹쳐 줍니다.

⑫ 마블의 인트로와 같이 만들기 위해서는 이미지가 많은 것이 좋은데 예제이기 때문에 이미지를 복사해서 붙여 늘려 주도록 하겠습니다. 처음 이벤트를 클릭하고 [Shift] 키를 누른 채로 마지막 이벤트를 클릭해서 이벤트 전체를 선택합니다. 그 다음 [Ctrl] 키를 누르면서 오른쪽으로 드래그해서 뒤쪽으로 이벤트를 복사해 줍니다.

⑬ 재생(▶)하여 결과를 확인합니다. 영상을 확인해보면 마블의 인트로와 같이 이미지가 속도감 있게 슬라이드 되는 효과를 확인할 수 있습니다.

편집 작업이 끝났으면 메뉴 [File] - [Save]로 프로젝트를 저장하고, 렌더링하여 최종 동영상 파일을 만듭니다.

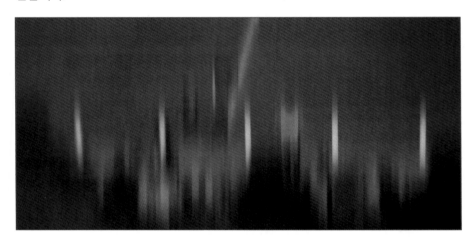

[VEGAS Pro 16] - [Project] - [lesson30.veg]
[VEGAS Pro 16] - [완성영상] - [lesson30.wmv]

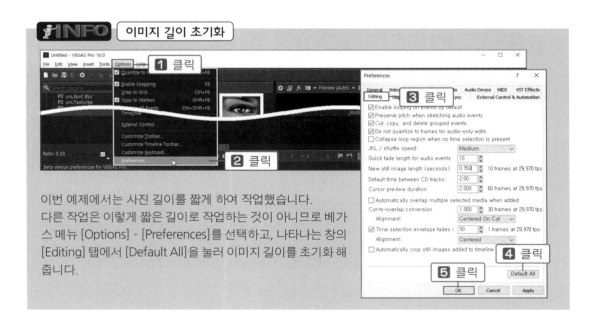

INFO　이미지 길이 초기화

이번 예제에서는 사진 길이를 짧게 하여 작업했습니다.
다른 작업은 이렇게 짧은 길이로 작업하는 것이 아니므로 베가스 메뉴 [Options] - [Preferences]를 선택하고, 나타나는 창의 [Editing] 탭에서 [Default All]을 눌러 이미지 길이를 초기화 해줍니다.

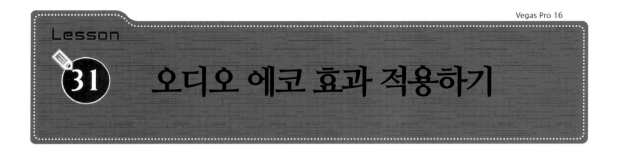

동굴 속에 들어가서 말하는 것처럼 울리는 에코(울림) 효과 적용 방법에 대해 배워 보겠습니다.

■ Multi-Tap Delay를 사용한 에코

1 새로운 프로젝트 HD 1080-60i (1920x1080, 29.970 fps)를 만들고, [Explorer] 탭에서 [바탕 화면] - [VEGAS Pro 16] - [Lesson31] 폴더의 [video01]을 트랙에 넣어 줍니다.

② 오디오 이벤트의 우측 상단에 있는 Event FX(*fx*) 아이콘을 클릭합니다.

③ [All] – [Multi-Tap Delay]를 선택하고 [OK]를 눌러 줍니다.

④ 직접 바를 조절해도 되지만 상단의 [Preset]을 이용하면 더욱 간단하게 효과를 적용할 수 있습니다. [[Sys] Chorus-echo]를 선택합니다. 프리셋을 적용 후에 필요하다면 바를 사용해서 추가로 세밀한 조정을 할 수 있습니다. 이번에는 추가 조정 없이 그대로 적용하도록 합니다. 닫기(×) 버튼을 누르고 영상을 확인합니다.

5 재생(▶)하여 결과를 영상을 확인하면 오디오에 울림 효과가 생긴 것을 확인할 수 있습니다.

[VEGAS Pro 16] - [Project] - [lesson31.veg]
[VEGAS Pro 16] - [완성영상] - [lesson31.wmv]

■ Reverb를 사용한 에코

플러그인 중에 [ExpressFX Reverb]를 사용해도 비슷한 에코 효과를 나타낼 수 있습니다. 동일한 방법으로 오디오 이벤트의 Event FX(fx)를 누른 뒤에 [All] - [ExpressFX Reverb]를 적용한 뒤 영상을 확인하면 에코(울림) 효과가 적용된 것을 확인할 수 있습니다.

Vegas Pro 16

Lesson

32

타임 코드를 활용한
숫자 카운트 만들기

숫자 카운트는 베가스에서 따로 제공하는 기능이 없기 때문에 자막 기능인 [Titles & Text]의 [Animate] 기능을 활용해서 직접 작성해주는 방법을 많이 사용합니다. 하지만 카운트해야 하는 숫자가 클 경우에는 너무 번거롭기 때문에 [Timecode] 기능을 활용해서 0부터 300까지 빠르게 숫자가 카운트 되는 효과를 만들어 보겠습니다.

① 메뉴 [File] - [New]를 클릭하여 새로운 프로젝트 HD 1080-60i (1920x1080, 29.970 fps)를 만듭니다.

② Ctrl+Shift+Q를 눌러서 새로운 트랙을 추가한 다음, 추가한 트랙에서 [마우스 오른쪽 버튼 클릭] – [Insert Empty Event]를 선택해서 빈 이벤트를 만들어 줍니다.

③ [Video FX] 탭에서 [Timecode] – [Absolute Frames]를 빈 이벤트에 넣어 줍니다.

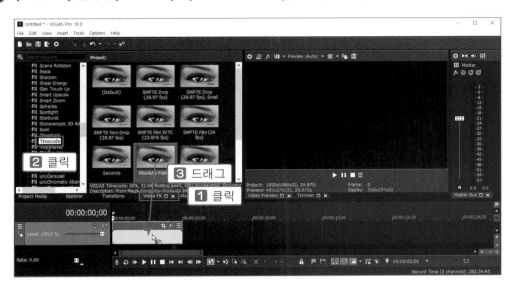

ℹINFO [Video FX] 탭의 [Timecode] – [Absolute Frames]

[Video FX]의 [Timecode] 기능은 화면에 시간대를 표시해 주는 기능입니다. 예를 들어 [Timecode] - [Default]를 이벤트에 적용하고 영상을 재생해보면 에디트 라인과 비슷한 숫자를 표시하는 것을 확인할 수 있습니다. [Timecode]에 있는 프리셋은 각각 표시해주는 시간이 다른데, 그 중에 [Absolute Frames]는 프레임을 그대로 표시해 주는 기능입니다.

프레임을 그대로 표현함   54.000

④ 설정 창에서 [Horizontal alignment]와 [Vertical alignment]를 [Middle]로 변경해서 숫자를 화면 정중앙에 위치하도록 했습니다. 가로 크기인 [Width]와 세로 크기인 [Height]는 최대 크기인 2.000으로 변경해서 가장 크게 보이도록 합니다.

iNFO   [Absolute Frames]의 위치, 크기 조정

설정 창을 사용한 [Absolute Frames]의 위치와 크기 조정은 정해진 옵션 중에서 선택하는 방식이기 때문에 한계가 있을 수 있습니다. 자유롭게 위치와 크기를 조정하고 싶을 때는 [Track Motion]을 사용해서 조정해야 합니다.

5 뒤쪽에 보이는 소수점 부분은 가리기 위해서 [Video FX] 탭에서 [Crop] – [Default]를 이벤트에 마우스로 드래그합니다.

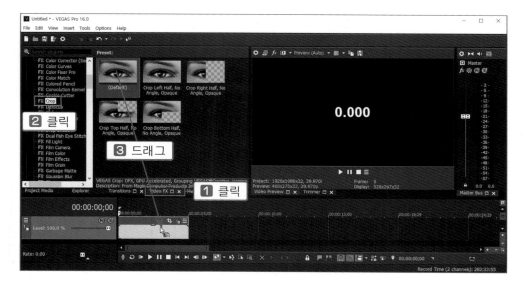

6 [X Crop]과 [Y Crop] 값을 각각 0.300으로 설정한 다음, 미리 보기 화면에서 마우스로 드래그하여 소수점 뒷부분을 보이지 않도록 합니다.

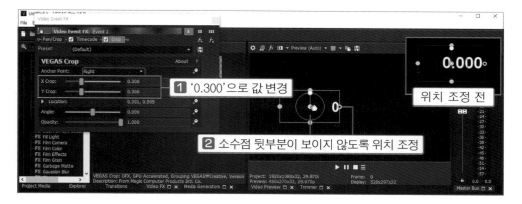

7 숫자가 10의 자리로 넘어가게 되면 위치가 달라지기 때문에 [Location]의 [Animate]를 클릭하여 조정해 줍니다. Sync Cursor( )를 켜고, 10초 지점으로 에디트 라인을 위치시킵니다. 미리 보기 화면에서 숫자만 보이도록 [Crop]의 위치를 마우스로 드래그하여 조정합니다.

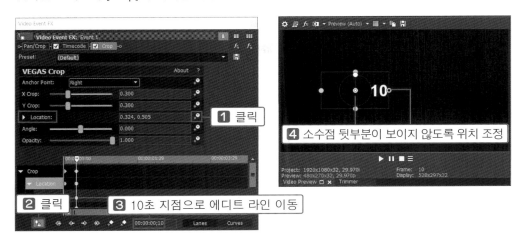

8 또다시 미리 보기에서 숫자가 100이 되는 지점에 에디트 라인을 이동시키고 위치를 조정해 줍니다.

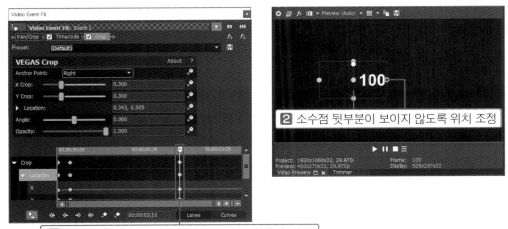

⑨ 지금과 같은 경우 [Crop]의 위치가 변경됨에 따라 움직이도록 설정되어 있기 때문에 [Hold] 옵션을 설정해 주어야 합니다. 첫 번째 포인트를 클릭하고 마지막 포인트를 Shift 를 누른 채로 클릭하여 포인트 전체를 선택합니다. 그 다음, [마우스 오른쪽 버튼 클릭(🖱)] - [Hold]를 선택합니다.

[포인트에 [Hold] 설정된 모습]

⑩ [Video Event FX] 설정 창을 닫고, 0부터 300까지 카운트 되도록 숫자가 '301'인 지점인 10초 01 프레임 지점까지 이벤트의 길이(◄█►)를 늘려 줍니다.

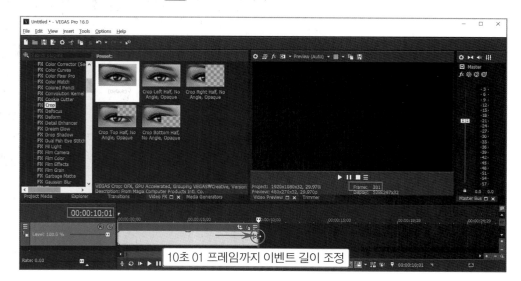

11 메뉴 [File] - [Save]나 Save(**⊟**)를 눌러 프로젝트를 저장합니다. 이후, 타임 라인에서 더블 클릭하여
전체를 대상으로 설정하고, [File] - [Render As]나 Render As(**▣**)를 눌러 렌더링하고 영상을 재생(**▶**)
하여 결과를 확인합니다.

[VEGAS Pro 16] - [Project] - [lesson32.veg]
[VEGAS Pro 16] - [완성영상] - [lesson32.wmv]

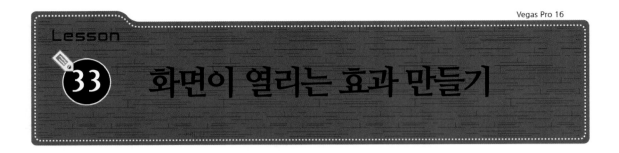

Lesson **33**

화면이 열리는 효과 만들기

이번 레슨에서는 트랜지션스(Transitions) 기능을 활용해서 화면이 서서히 열리는 듯한 느낌의 효과를 만들어 보겠습니다.

1 메뉴 [File] - [New]를 클릭하여 새로운 프로젝트 HD 1080-60i (1920x1080, 29.970 fps)를 만들고, [Explorer] 탭에서 [바탕 화면]의 [VEGAS Pro 16] – [Lesson33] – [video01]을 트랙에 넣어 줍니다.

❷ [Media Generators] 탭에서 [Solid Color] – [Black]을 영상 트랙 하단의 빈 공간에 넣어 줍니다. 이렇게 하면 자동으로 새 트랙이 추가되면서 [Black] 이벤트가 생성됩니다.

❸ 1번 트랙 영상 이벤트의 앞쪽 상단(✍▷)을 마우스로 드래그해서 Fade in 효과를 만들어 줍니다. 이때 Fade in 효과의 길이가 길수록 화면이 천천히 열리고, 짧게 설정할수록 빠르게 열립니다.

❹ [Transitions] 탭의 [Barn Door] – [Horizontal, Out, No Border]를 Fade in 된 곳에 드래그해 줍니다.

❺ 영상 시작 부분에 가로 줄이 보이는 것을 없애기 위해서 영상 이벤트를 마우스로 드래그해서 아주
조금 뒤로 이동시켜 줍니다.

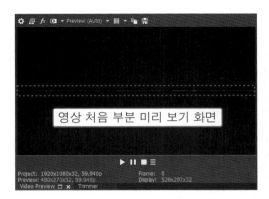

❻ 영상을 재생(▶)하면 화면의 중앙부터 위아래로 화면이 열리는 듯한 효과를 확인할 수 있습니다.

[VEGAS Pro 16] - [Project] - [lesson33.veg]
[VEGAS Pro 16] - [완성영상] - [lesson33.wmv]

Vegas Pro 16

Video FX 효과를 사용해서 거품이나 물방울이 터지는 듯한 느낌의 효과를 만드는 법에 대해 살펴보겠습니다.

1 메뉴 [File] - [New]를 클릭하여 새 프로젝트(1920x1080)를 만들고, 단축키 Ctrl+Shift+Q를 눌러 새 트랙을 생성하고 [마우스 오른쪽 버튼 클릭()] – [Insert Empty Event]를 눌러 빈 이벤트를 만듭니다.

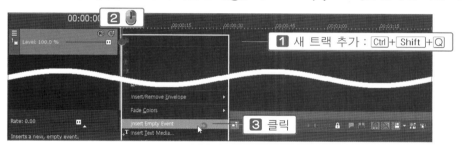

2 동그란 거품 모양을 만들기 위해 보통 원 모양을 표현할 때 사용하는 [Video FX] 탭의 [Cookie Cutter] – [Default]를 드래그해서 빈 이벤트에 적용해 줍니다.

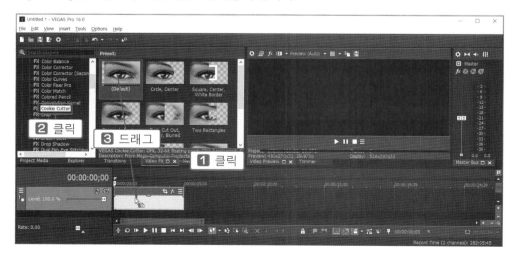

3 설정 창에서 [Color]를 눌러 원하는 색상을 선택합니다.

4 선의 두께를 표현하는 [Border]의 Animate(⬤)를 켜 준 다음, 값을 0.050으로 설정해 줍니다.

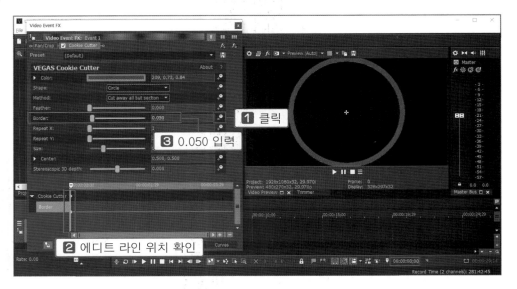

⑤ 거품이 터져서 사라지는 것처럼 느낌을 표현해야 하기 때문에 [Border] 값은 점점 줄어서 마지막에는 0 값을 설정해줘야 합니다. 2초 지점으로 시간을 옮기고 값을 0.040, 또 다시 4초 지점으로 시간을 옮긴 후 0.020, 마지막 6초 지점에서는 0으로 값을 설정해 줍니다. 이때 거품이 터지는 느낌을 표현하는 것이기 때문에 키프레임간 간격을 짧게 해서 빠르게 사라지는 것처럼 표현해 줍니다.

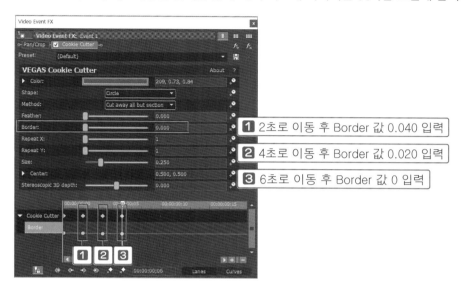

⑥ 거품의 크기를 표현하는 [Size]는 앞의 두께와는 반대로 점점 커지게 표현해 줍니다. 맨 앞의 키프레임에 에디트 라인을 위치시키고, [Size]의 Animate(○)를 켠 후, 0.100 값을 설정합니다.

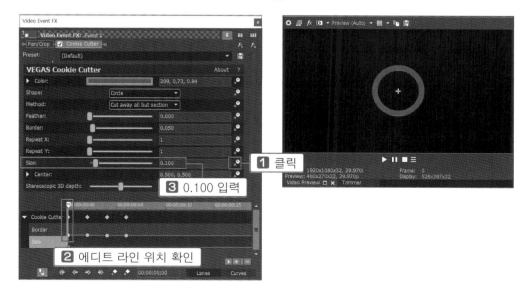

⑦ 두 번째 키프레임에는 [Size] 값을 0.150, 세 번째 키프레임은 0.200, 마지막은 0.250으로 설정해서 점점 커져서 터지는 듯한 느낌을 표현해 줍니다.

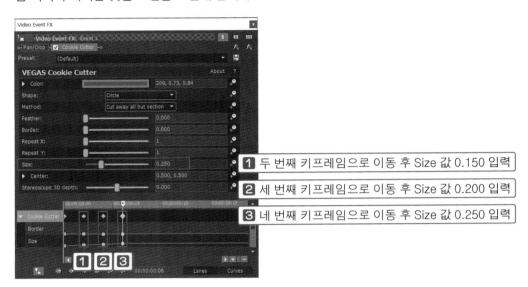

1 두 번째 키프레임으로 이동 후 Size 값 0.150 입력

2 세 번째 키프레임으로 이동 후 Size 값 0.200 입력

3 네 번째 키프레임으로 이동 후 Size 값 0.250 입력

⑧ 미리 보기 화면에서 거품의 위치를 원하는 곳으로 드래그하여 이동시켜 준 후 설정 창을 닫고, 재생하여 효과를 확인합니다.

1 드래그하여 위치 이동

2 [Video Event FX] 설정 창 종료

⑨ 여러 개의 거품이나 물방울이 터지는 효과를 주기 위해서는 방금 만든 이벤트를 복사해서 사용할 수 있습니다. 먼저 좀 더 깔끔하게 표현하기 위해서 효과가 나타나지 않는 이벤트의 뒷부분은 잘라 주도록 하겠습니다. 15초 지점으로 이벤트 라인을 이동시킨 후 단축키 ⓢ를 눌러 이벤트를 잘라 줍니다. 그 다음 뒷부분의 이벤트는 Delete 키를 눌러 삭제합니다.

2 클릭 후, Delete 키로 뒷부분 삭제

1 15초로 에디트 라인 이동 후 ⓢ 키로 자르기

⑩ 새 트랙 추가 단축키 Ctrl+Shift+Q를 눌러 트랙을 추가하고, 아래 이벤트를 Ctrl 키를 누르면서 위로
드래그해서 복사해 줍니다.

⑪ 복사한 이벤트의 Event FX(🎬) 아이콘을 클릭하여 설정 창을 엽니다.

⑫ 거품의 위치를 마우스로 조정하고, [Color]와 [Border], [Size] 값을 자유롭게 조정합니다. 또 키프레임
의 간격을 조정해서 조금 더 빨리 터지거나 더 느리게 터지는 거품을 표현할 수도 있습니다.

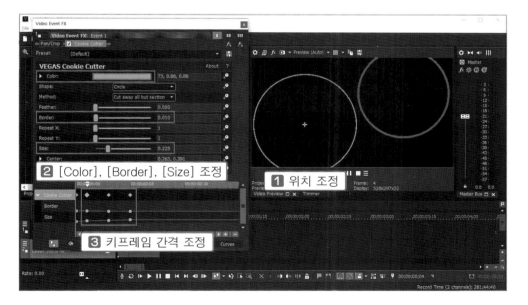

⓭ 2번 트랙의 이벤트를 Ctrl + 마우스 드래그로 오른쪽에 하나 더 추가로 복사하고 자유롭게 설정을 조정합니다. 이벤트의 위치도 동일 선에 두지 않고, 살짝 간격이 있도록 조정하면 더 자연스러운 거품 효과를 표현할 수 있습니다.

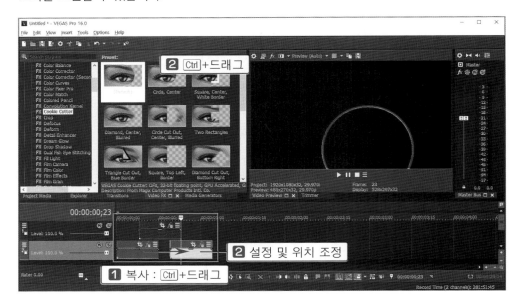

⓮ 마지막으로 조금 더 실감나는 효과를 위해 [Explorer] 탭에서 [바탕 화면]의 [VEGAS Pro 16] – [Lesson34] – [audio01]을 가장 아래 트랙에 추가해 거품이나 물방울 효과음을 넣어 줍니다.

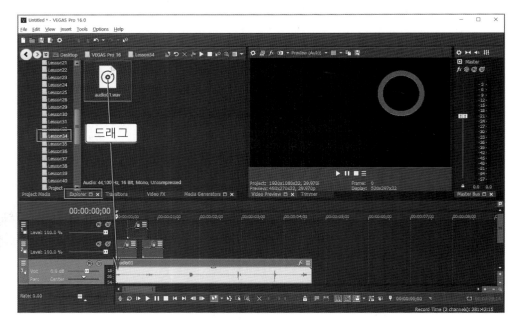

⑮ 거품을 표현한 이벤트가 끝나는 지점에 맞춰 [S] 키를 눌러 오디오 이벤트를 자르고, 불필요한 뒷부분을 [Delete] 키를 눌러 삭제합니다.

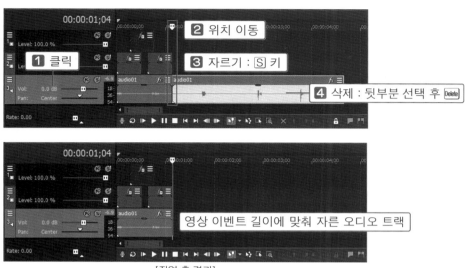

[작업 후 결과]

⑯ 편집 작업이 끝났으면 메뉴 [File] - [Save]로 프로젝트를 저장하고, 재생(▶)하여 결과를 확인합니다.

[VEGAS Pro 16] - [Project] - [lesson34.veg]
[VEGAS Pro 16] - [완성영상] - [lesson34.wmv]

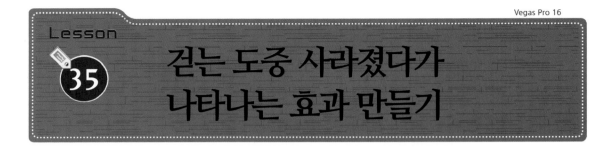

Lesson

35

걷는 도중 사라졌다가 나타나는 효과 만들기

이번 레슨에서는 Mask(마스크)를 활용해서 걷는 도중에 사람이 사라졌다가 다시 나타나는 재미있는 효과를 만들어 보겠습니다.

① 새로운 프로젝트 HD 1080-60i (1920x1080, 29.970 fps)를 만들고, [Explorer] 탭에서 [바탕 화면]의 [VEGAS Pro 16] – [Lesson35] – [video01]을 트랙에 넣습니다.

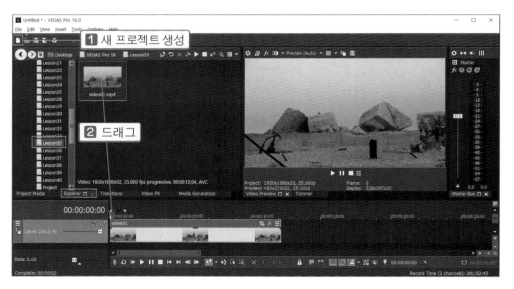

❷ 맨 처음 사람이 나타나지 않은 화면을 스냅샷으로 찍어 줍니다. 미리 보기 화면 상단 툴 바에 있는 Save Snapshot to File(📰)을 클릭하고 원하는 폴더와 파일명을 입력 후 [저장]을 클릭합니다.

❸ [Project Media] 탭에서 방금 스냅샷을 찍은 [img01] 파일을 트랙 하단에 놓아 줍니다. 이때 트랙의 순서가 중요한데 반드시 영상 이벤트가 위쪽에, 이미지 이벤트가 아래에 위치해야 합니다.

❹ [img01] 이벤트의 길이를 영상 이벤트와 동일하게 맞춰 줍니다. 이벤트의 끝 부분(◀▶)에 마우스를 위치시킨 후 드래그하여 조정합니다. 길이를 맞출 때 하단의 Enable Snapping(🧲) 아이콘을 켜둔 상태로 조정하면 훨씬 수월하게 조절이 가능합니다.

⑤ 1번 트랙에 있는 영상 트랙의 Event Pan/Crop(🔁) 아이콘을 클릭합니다.

⑥ 하단의 [Mask] 체크 박스를 클릭해서 마스크 모드로 변경한 다음, 툴 바의 사각 툴인 Rectangle or Square Mask Creation Tool(■)을 선택합니다. 그 다음 중간 지점을 마우스로 드래그해서 설정해 줍니다.

⑦ 마스크로 지정한 부분이 보이지 않도록 [Mode]를 Negative로 설정하고, 경계선을 자연스럽게 표현하기 위해 [Feather type]을 Both로, [Feather (%)]를 3.0 정도로 입력하고 닫기(✕) 버튼을 눌러 [Video Event FX] 창을 닫습니다.

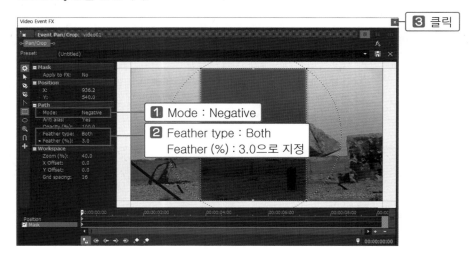

8 편집 작업이 끝났으면 메뉴 [File] - [Save]로 프로젝트를 저장하고, 재생(▶)하여 결과를 확인합니다.

[사람이 사라지는 화면]

[사람이 다시 나타나는 화면]

[VEGAS Pro 16] - [Project] - [lesson35.veg]
[VEGAS Pro 16] - [완성영상] - [lesson35.wmv]

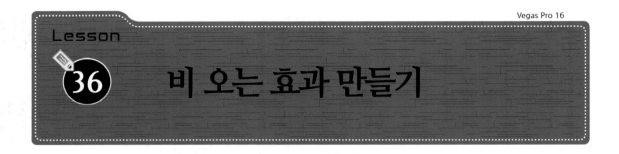

Lesson
36
비 오는 효과 만들기

일반적인 맑은 날씨의 영상에 Media Generators를 이용해서 비 오는 효과를 만들겠습니다.

① 메뉴 [File] - [New]를 클릭하여 새로운 프로젝트 HD 1080-60i (1920x1080, 29.970 fps)를 만들고, [Explorer] 탭에서 [바탕 화면]의 [VEGAS Pro 16] – [Lesson36] – [vidoe01]을 마우스 오른쪽 버튼(🖱)을 클릭해서 트랙에 드래그합니다. 그 때 나타나는 창에서 [Video Only] – [Add Video Across Time]을 선택해서 오디오 이벤트를 제외시킨 영상 이벤트만 넣어 줍니다.

② [Media Generators] 탭에서 [Noise Texture] – [Starry Sky]를 클릭해서 1번 트랙 위쪽으로 드래그해 줍니다. 이렇게 하면 1번 트랙 위로 새로운 트랙이 추가되면서 드래그한 [Starry Sky] 프리셋이 놓이게 됩니다. 열린 [Video Media Generators] 창을 닫습니다.

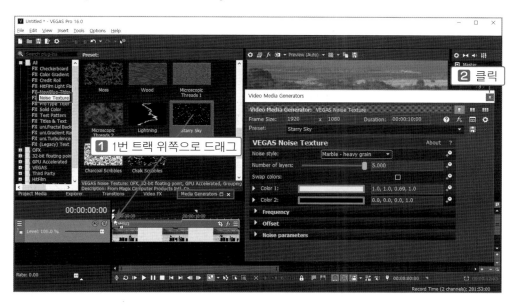

③ 영상 전체에 비가 내리는 효과를 주기 위해서 이벤트의 끝 쪽(◀▶)을 마우스로 드래그하여 영상 이벤트의 길이에 맞춰 줍니다.

④ 세부적인 설정을 위해 Generated Media(🖼)를 클릭합니다.

⑤ [Frequency]의 ▶를 눌러 [X] 값을 30.000으로 변경하고, [Y] 값은 0.005를 입력해 줍니다. 그 다음
[Offset]에서 [X]와 [Y] 값 모두 5.000으로 적용해서 비가 오는 듯한 모양을 만들어 줍니다.

⑥ [Color 1]을 선택한 다음 미리 보기 화면을 보면서 최대한 비에 가까운 색상을 선택해 줍니다.

미리 보기 참조

⑦ [Color 2]를 선택하고 Alpha 값을 아래로 내려서 뒤의 배경이 보이도록 설정합니다.

미리 보기 참조

⑧ 비가 내리는 듯하게 움직임을 줘야 하기 때문에 [Offset] – [Progress (in degrees)]의 Animate(🔵)를 켜줍니다. 그 다음 이벤트의 가장 끝 지점으로 에디트 라인을 이동시키고 값을 0.200으로 입력하고, 닫기(🗙)를 눌러 창을 닫아 줍니다.

⑨ 전체적인 분위기가 밝은 영상의 경우 조금 더 어두운 날씨를 표현하기 위해서 [Video FX] 탭의 [Black and White] – [25% Black and White]를 영상 이벤트에 적용해 줍니다. 또는 [Video FX] 탭의 [Color Corrector]를 적용해서 원하는 색상으로 변경해 줄 수도 있습니다.

⑩ 마지막으로 빗소리를 추가하여 더욱 실감나는 효과를 완성시켜 보겠습니다. [Explorer] 탭에서 [바탕 화면]의 [VEGAS Pro 16] – [Lesson36] – [audio01]을 트랙 가장 하단으로 드래그해서 빗소리를 추가 해 줍니다.

⑪ 오디오 이벤트의 길이가 영상 이벤트 길이보다 짧아서 길이를 늘려 줘야 하는데 오디오 이벤트의 앞 과 끝 부분에 빗소리가 조금씩 줄어 들도록 녹음되어 있습니다. 그래서 이벤트 길이를 늘려 주면 중간 에 빗소리가 사라지는 부분이 생겨 부자연스러운 느낌이 듭니다.

따라서 오디오 이벤트를 Ctrl 키를 누른 채 마우스로 드래그하여 복사한 다음, 두 개의 이벤트를 겹쳐 서 중간에 소리가 비는 구간이 없도록 설정해 줍니다.

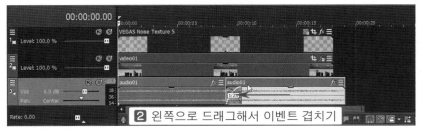

⑫ 오디오 이벤트를 겹쳐 크로스페이드를 적용했으면 영상의 길이와 같게 드래그해서 길이를 맞춰 주고, Fade Out 효과()를 넣어서 자연스럽게 효과음이 종료되도록 합니다.

2 맨 우측 상단에서 왼쪽으로 드래그

1 영상에 맞게 길이 조정

⑬ 편집 작업이 끝났으면 메뉴 [File] - [Save]로 프로젝트를 저장하고, 재생(▶)하여 결과를 확인합니다.

[VEGAS Pro 16] - [Project] - [lesson36.veg]
[VEGAS Pro 16] - [완성영상] - [lesson36.wmv]

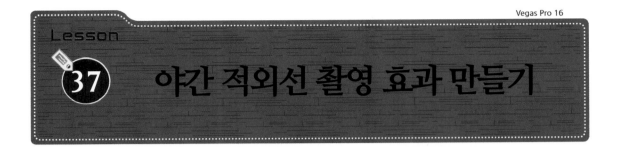

공포 영화나 공포 게임을 하다 보면 어두운 곳에서 적외선 촬영을 한 듯한 효과를 볼 수 있습니다. 이번 레슨에서는 Video FX 효과를 사용해서 그와 같이 야간에 적외선 카메라로 촬영한 것 같은 효과를 만들어 보겠습니다.

① 새로운 프로젝트 HD 1080-60i (1920x1080, 29.970 fps)를 만들고, [Explorer] 탭에서 [바탕 화면]의 [VEGAS Pro 16] – [Lesson37] – [vidoe01]을 트랙으로 드래그합니다.

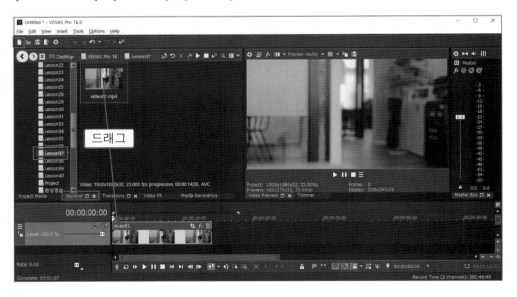

② [Video FX] 탭의 [Gradient Map] – [Night Vision]을 드래그하여 영상에 적용합니다. 설정 창은 따로 변경하지 않고 닫아 줍니다.

③ 이어서 [Video FX] 탭의 [Vignette] – [Default]를 적용해서 화면의 외곽을 어둡게 표현해 줍니다.

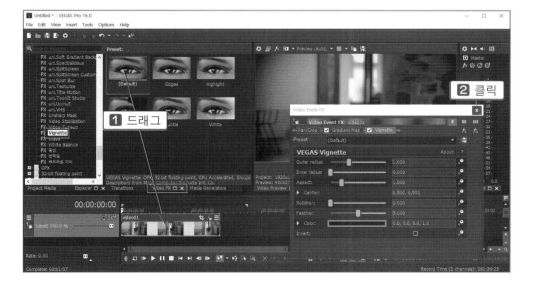

④ [Video FX] 탭에서 [TV Simulator] − [Reset to None]을 영상 이벤트에 넣어 줍니다.

[조리개 그릴] 값을 0.2000으로 입력하고, [인터레이싱]을 0.3500으로 입력해서 카메라로 촬영한 듯한 느낌을 더해 줍니다. 닫기(☒)를 클릭해 설정 창을 닫아 줍니다.

⑤ 편집 작업이 끝났으면 메뉴 [File] - [Save]로 프로젝트를 저장하고, 재생(▶)하여 결과를 확인합니다.

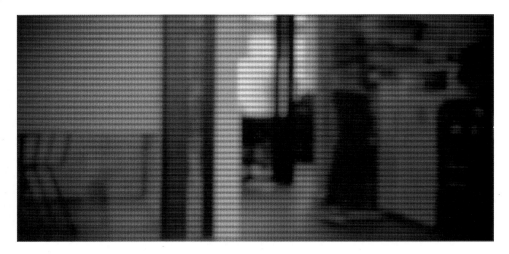

[VEGAS Pro 16] − [Project] − [lesson37.veg]
[VEGAS Pro 16] − [완성영상] − [lesson37.wmv]

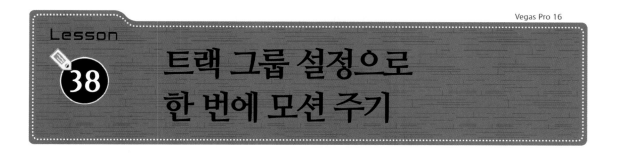

Vegas Pro 16

여러 개의 트랙을 그룹으로 묶어서 한 번에 움직임을 주는 방법에 대해서 배워 보겠습니다.

1 새 프로젝트에서 [Explorer] 탭, [바탕 화면]의 [VEGAS Pro 16] – [Lesson38]에 있는 영상 4개를 모두 사용하겠습니다. 첫 번째 [video01]을 클릭하고 마지막 [video04]를 Shift 키를 누른 채로 클릭해서 전체를 선택해 줍니다.

선택된 전체를 마우스 오른쪽 버튼(🖱)으로 클릭한 채 드래그해서 트랙에 놓아줍니다. 나타나는 창에서는 [Video Only] – [Add Video Across Time]을 선택해서 오디오를 제거한 영상 이벤트만 불러옵니다.

❷ 4분할 화면을 만들기 위해서 이벤트를 하나하나 드래그해서 아래 트랙으로 옮겨 줍니다.

위쪽부터 순서대로 배치했으면 길이가 가장 짧은 [video04] 이벤트에 맞춰 길이를 조정해 줍니다.

❸ [Video FX] 탭의 [Picture In Picture] – [Default]를 각 이벤트에 적용해서 4분할 화면을 만들어 줍니다.

4 1번 트랙의 [Location] 값으로 (0.250, 0.750)을 입력하고 창을 닫습니다.

같은 방식으로 [Video FX] 탭의 [Picture In Picture] – [Default]를 각 트랙에 적용하고 아래의 [Location] 값을 입력하고 창을 닫아 주는 작업을 반복합니다.

위치와 크기는 마우스를 이용해서 자유롭게 설정해도 됩니다. 다만, 본 레슨에서는 설정 창의 [Location] 값을 입력하여 4분할 영상이 정확하게 일치되도록 만들겠습니다.

각 트랙의 [Picture In Picture] – [Default]의 [Location] 위치 값

⚡INFO　분할 화면(PIP) 좌표 값 구하는 방법

분할 화면에서의 좌표 값을 구하는 방법은 [Lesson 15]의 135쪽에 자세하게 설명되어 있습니다.

5 1번 트랙을 부모 트랙으로 만들고 아래에 있는 나머지 트랙을 자녀 트랙으로 설정하기 위해서 2번부터 4번 트랙까지를 선택합니다.

[2번~4번 트랙 선택]

6 그 다음 2번 트랙의 More(≣) 버튼을 클릭하고 [Make Compositing Child]를 선택합니다.

이렇게 하면 부모 트랙인 1번 트랙으로 자녀 트랙인 2~4번 트랙이 묶여서 하나의 트랙 그룹이 생성되는 것을 확인할 수 있습니다.

7 1번 부모 트랙에서 Parent Motion(▣)을 클릭합니다. 일반적인 트랙의 트랙 모션과 동일하지만 그룹으로 묶여 있는 자녀 트랙까지 한 번에 적용시킬 수 있는 차이점이 있습니다.

8 하단의 Sync Cursor(🔒)를 켜고 1초 지점으로 에디트 라인을 이동합니다. 그 후, 미리 보기 화면을 보면서 1번 영상이 화면에 꽉 차도록 트랙 모션 창을 조정합니다.

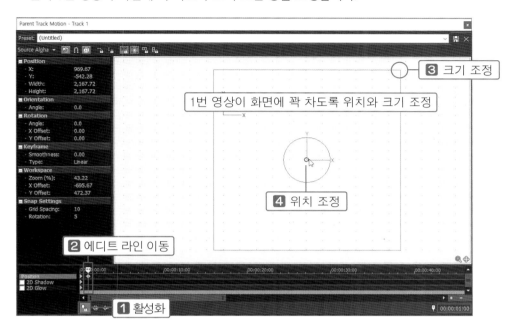

[수정 전]

[1번 영상이 꽉 차게 보이는 화면]

⑨ 3초 지점으로 에디트 라인을 이동시키고, 미리 보기 화면을 보면서 2번째 영상이 꽉 차게 보이도록 트랙 모션 창을 이동시킵니다.

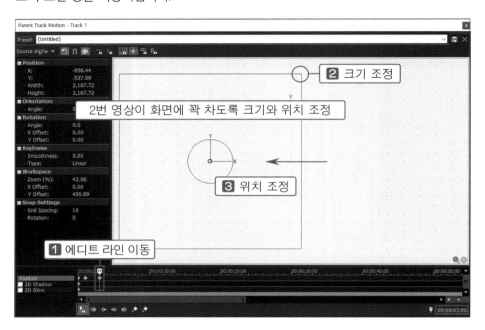

[2번 영상이 보이도록 위치 조정]

[2번 영상이 꽉 차게 보이는 화면]

10 같은 방법으로 6초 지점에서는 3번 영상이, 10초 지점에서는 4번 영상이 보여 지도록 트랙 모션 창을 조정합니다.

이때 키프레임 간의 간격이 짧을수록 화면의 크기와 이동이 빠르게 보여지고, 간격이 길어질수록 느리게 보여 집니다. 만약 속도를 조절하고 싶다면 이 점을 활용해 조정할 수 있습니다.

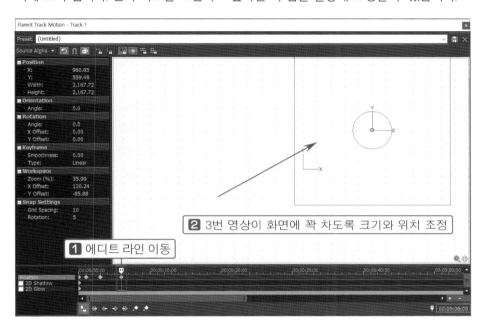

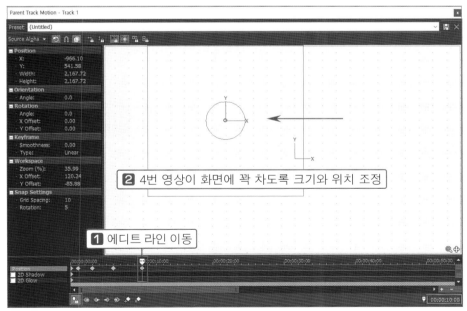

⑪ 마지막으로 에디트 라인을12초 지점으로 이동시키고, 트랙 모션 창에서 [마우스 오른쪽 버튼 클릭
(🖱)] − [Restore Box]를 선택해서 처음에 4개의 영상이 보이던 화면으로 되돌려 줍니다. 설정이 완료
되면 트랙 모션 창을 닫아 줍니다.

⑫ 편집 작업이 끝났으면 메뉴 [File] - [Save]로 프로젝트를 저장하고, 재생(▶)하여 영상을 확인하면 그
룹으로 묶인 트랙이 한꺼번에 움직이는 것을 확인할 수 있습니다.

[VEGAS Pro 16] − [Project] − [lesson38.veg]
[VEGAS Pro 16] − [완성영상] − [lesson38.wmv]

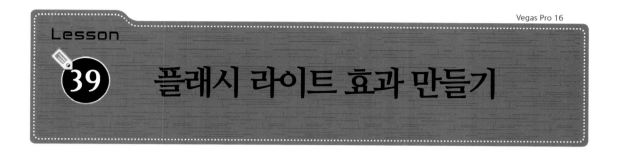

Lesson
39
플래시 라이트 효과 만들기

영화 속 추격전을 보면 헬기가 차량에 라이트를 비추면서 추격하는 영상을 볼 수 있습니다. 이번 레슨에서는 Mask와 Video FX 효과를 사용해서 플래시 라이트(Flash light) 효과를 만들어 보겠습니다.

① 새로운 프로젝트 HD 1080-60i (1920x1080, 29.970 fps)를 만들고, [Explorer] 탭에서 [바탕 화면]의 [VEGAS Pro 16] – [Lesson39] – [vidoe01] 파일을 마우스 오른쪽 버튼으로 클릭하여 트랙으로 드래그합니다. 오디오 이벤트는 필요 없기 때문에 [Video Only] – [Add Video Across Time]을 선택해 줍니다.

② 트랙 리스트에서 [마우스 오른쪽 버튼 클릭] – [Duplicate Track]을 선택해서 트랙을 복사해 줍니다.

③ [Video FX] 탭의 [Color Curves] – [Night]를 선택해서, 2번 트랙의 이벤트에 적용하고 나타나는 설정 창은 그냥 닫습니다.

④ [Night] 효과를 적용했음에도 불구하고 미리 보기 화면에 변화가 없습니다. 이는 두 개의 이벤트가 겹쳐진 상태에서 아래 트랙의 이벤트에 효과를 적용했기 때문입니다. 효과를 확인하기 위해 1번 트랙 리스트의 Mute(　)를 선택해서 1번 트랙의 내용이 보이지 않도록 설정해 줍니다.

⑤ 조금 더 어두운 느낌을 표현하기 위해서 [Video FX] 탭에서 [Brightness and Contrast] – [Darker]를 2번 트랙 이벤트에 넣고 설정 창을 닫습니다.

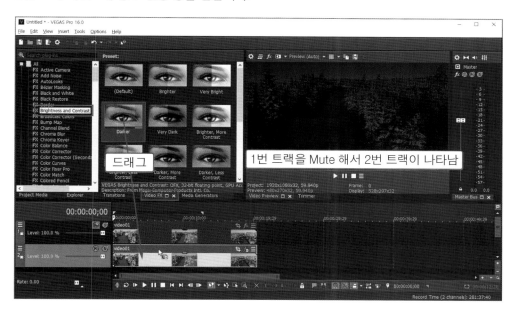

⑥ 1번 트랙의 트랙 리스트에서 Mute(🔟)를 다시 클릭해서 해제한 다음, Event Pan/Crop(🔢) 아이콘을 클릭합니다.

ℹINFO　**모션 트래킹(Motion Tracking)을 사용하지 않은 이유**

[Video FX] - [Bézier Masking]을 사용해서 자동으로 자동차를 따라 플래시가 비춰지도록 할 수도 있지만, 이번 레슨에서는 조금 더 현실적인 느낌을 위해 이벤트 팬/크롭을 사용해 직접 빛의 위치를 설정하겠습니다.

⑦ 하단의 [Mask]를 체크해서 마스크 편집 창으로 전환시켜 줍니다. Sync Cursor(🔒)를 클릭한 다음, 원형 툴인 Oval or Circle Mask Creation Tool(◉)을 선택합니다. 그 다음 마우스로 드래그해서 적당한 크기의 원을 만들어 줍니다.

⑧ [Feather type]을 Both로 선택하고 [Feather (%)] 값을 10.0으로 설정해서 라이트를 비춘 것처럼 외곽선을 흐릿하게 만들어 줍니다.

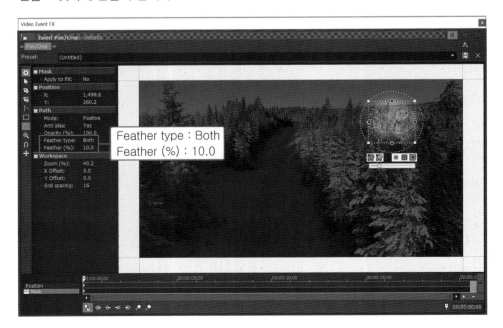

9 에디트 라인 위치를 1초로 적용한 다음 마스크의 위치를 대각선 아래로 변경해 줍니다.

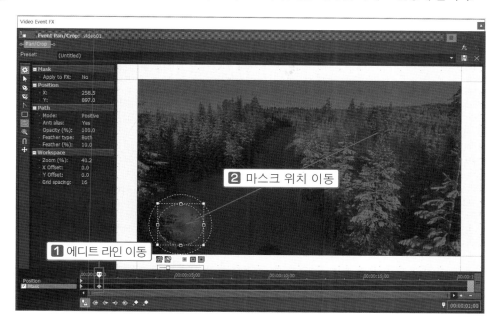

10 그 다음 에디트 라인 위치를 2초로 이동시킨 뒤, 차량을 찾는 듯한 모션을 표현하는 느낌으로 마스크 위치를 이동시켜 줍니다.

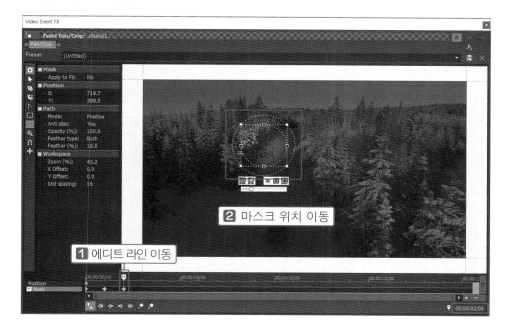

⑪ 또 다시 에디트 라인을 이동시키고, 이번에는 차 있는 위치로 마스크를 이동시켜 라이트가 비춰진 듯한 효과를 만들어 줍니다.

⑫ 에디트 라인을 이동시키고, 차가 있는 위치에 마스크를 이동시켜 적용시키는 작업을 반복합니다. 이 때 필요하다면 마스크의 크기를 조정해 줘도 됩니다. 마스크 적용이 끝나면 닫기(✕) 버튼을 눌러 창을 닫아 줍니다.

⓭ 라이트가 비춰진 부분을 조금 더 밝게 표현하기 위해서 [Video FX] 탭의 [Levels] – [Brighten]을 1번 트랙 이벤트에 적용해주고 닫습니다.

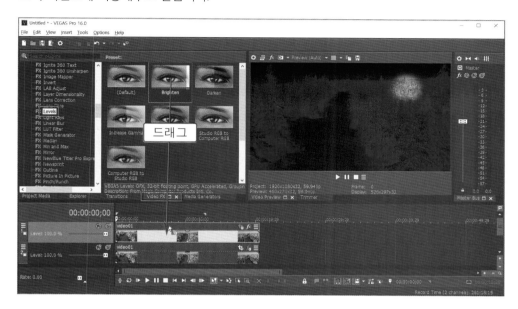

⓮ 더욱 생동감 있는 영상을 위해 [Explorer] 탭의 [Lesson39] – [audio01] 파일을 트랙 아래 빈 공간에 드래그해 줍니다. 오디오 이벤트의 길이가 조금 더 길기 때문에 마우스로 드래그(◀▦▶)하여 영상 트랙 과 길이를 맞춰 줍니다.

⑮ 재생(▶)하여 결과를 확인합니다.

재생하여 이상이 없다면 메뉴 [File] - [Save]로 프로젝트를 저장하고, 필요에 따라 Render As(▣) 아이콘을 눌러 최종 동영상으로 렌더링합니다.

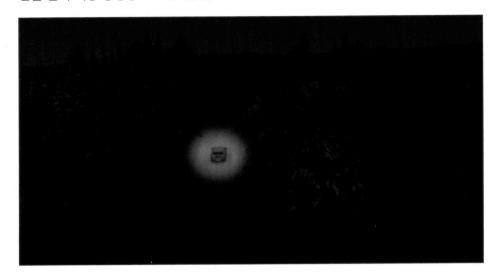

[VEGAS Pro 16] - [Project] - [lesson39.veg]
[VEGAS Pro 16] - [완성영상] - [lesson39.wmv]

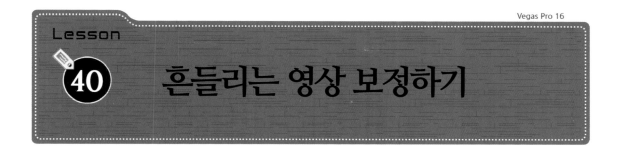

Lesson

40

흔들리는 영상 보정하기

이전 버전에도 흔들린 영상을 보정하는 기능이 있었지만 안정되는 효과가 거의 느껴지지 않았던 반면, 베가스 프로 16 버전에서는 이전 버전에 비해 상당히 개선된 것을 확인할 수 있습니다.

1 새로운 프로젝트 HD 1080-60i (1920x1080, 29.970 fps)를 만들고, [Explorer] 탭에서 [바탕 화면]의 [VEGAS Pro 16] – [Lesson40] – [video01]을 드래그하여 트랙에 넣어 줍니다.

이번 실습은 흔들리는 영상 보정하기입니다. 미리 불러온 원본 파일을 재생해서 흔들림의 정도를 느껴 본 후, 보정이 완료된 영상과 비교하는 것이 좋습니다.

② 이벤트 위에 마우스를 올리고 [마우스 오른쪽 버튼 클릭(🖱)] - [Media FX...]를 선택합니다.

③ 플러그인 중에서 [VEGAS Video Stabilization]을 선택하고 [OK]를 클릭합니다.

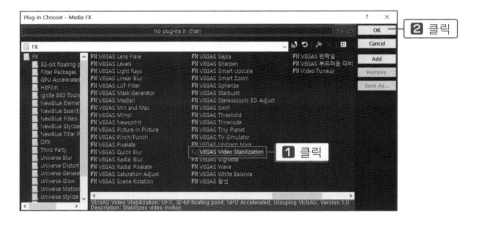

④ [Preset]에서 [Moderate camera movement]를 선택합니다.

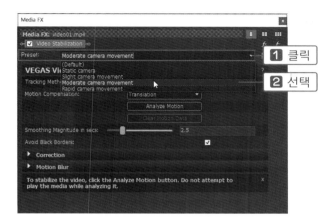

⑤ [Motion compensation]을 선택해서 [Similarity]를 선택해 줍니다.

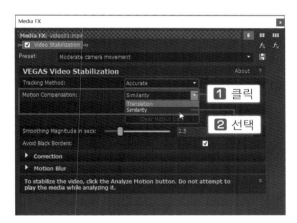

⑥ 설정을 끝내고 [Analyze Motion]을 클릭하면 자동으로 흔들림을 보정하는 것을 확인할 수 있습니다.

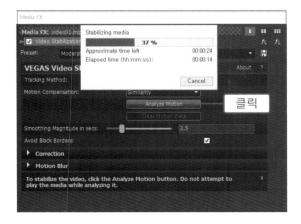

7 프로젝트를 저장하고 렌더링 후, 영상을 재생해보면 이전에 비해 흔들림이 감소된 것을 확인할 수 있습니다.

[VEGAS Pro 16] - [Project] - [lesson40.veg]
[VEGAS Pro 16] - [완성영상] - [lesson40.wmv]

Vegas Pro 16

Lesson

41

문제 해결 방법 및 유용한 사이트

① 자주 발생하는 문제 해결 방법

■ 베가스 초기화하기

알 수 없는 오류가 자주 발생할 때에는 베가스를 설치했던 처음 상태로 되돌려서 사용하는 것
이 문제를 해결하는 방법이 될 수 있습니다.

1 Ctrl + Shift 키를 누른 채로 베가스 프로 16의 실행 아이콘을 더블 클릭합니다.

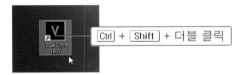

Ctrl + Shift + 더블 클릭

2 나타나는 창에서 [Delete all cached application data]에 체크한 다음, [Yes]를 클릭합니다.

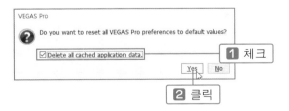

VEGAS Pro

Do you want to reset all VEGAS Pro preferences to default values?

☑ Delete all cached application data. ── **1** 체크

Yes No

2 클릭

■ 창이 빠져 나왔을 때

편집을 하다가 창이 밖으로 나와서 다시 제자리로 돌리고 싶을 때에는 Ctrl 키를 누른 상태에서 원래 있던 위치로 드래그 해주면 됩니다.

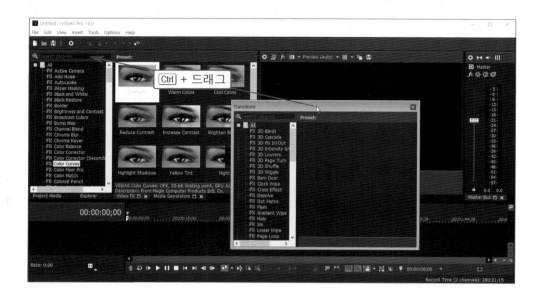

■ 레이아웃이 사라졌을 때

실수로 레이아웃 메뉴를 꺼서 사라지게 했을 때에는 메뉴 [View] – [Window]에서 해당 레이아웃을 체크하면 다시 화면에 보이게 됩니다.

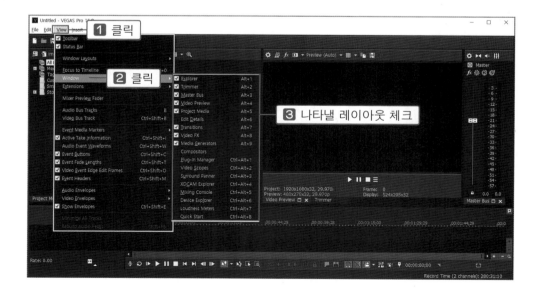

■ 레이아웃 초기화 방법

창이 빠져나오거나 보이지 않는 레이아웃이 많아서 전체를 처음으로 초기화하고 싶을 때에는 메뉴 [View] – [Window Layouts] – [Default Layout]을 선택합니다. 또는 단축키 [Alt] + [D], [D]를 누르면 원래의 레이아웃 상태로 초기화 할 수 있습니다.

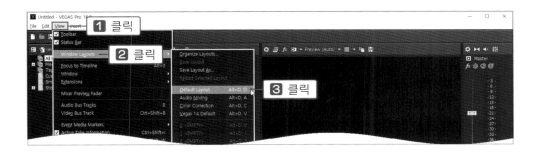

■ 이벤트의 아이콘이 보이지 않을 때

이벤트에 있어야 할 아이콘이 전부 사라지고 빈 이벤트만 보일 때가 있습니다.

[아이콘이 보이지 않는 이벤트]

[아이콘이 보이는 이벤트]

이럴 때에는 메뉴 [View] – [Event Buttons] 또는 단축키 [Ctrl] + [Shift] + [C]를 눌러 줍니다.

■ 트랙이 A-B로 분리되어 나타날 때

아래와 같이 트랙이 분리되어 나타날 때에는 분리된 트랙의 트랙 리스트에서 [마우스 오른쪽
버튼 클릭(🖱)] - [Expand Track Layers]를 체크 해제해주면 원래의 상태로 돌아갑니다.

■ 크로스페이드(Crossfades) 구간에 시간이 표시되지 않을 때

두 개의 이벤트가 겹쳐진 크로스페이드 구간에 시간이 표시되지 않을 때가 있습니다.

[크로스페이드 구간에 시간이 표시되지 않은 상태]　　　　[크로스페이드 구간에 시간이 표시된 상태]

이럴 때에는 메뉴 [View] - [Event Fade Lengths]를 선택해서 체크해주거나 단축키 Ctrl +
Shift + T를 눌러주면 원래의 상태로 복구됩니다.

■ 영상이 미리 보기 화면에 보이지 않을 때

메뉴 [Options] – [Mute All Video]가 체크되어 있으면 미리 보기 화면이 나타나지 않습니다.
다시 한번 선택해서 체크를 해제해주면 미리 보기 화면이 나타납니다.

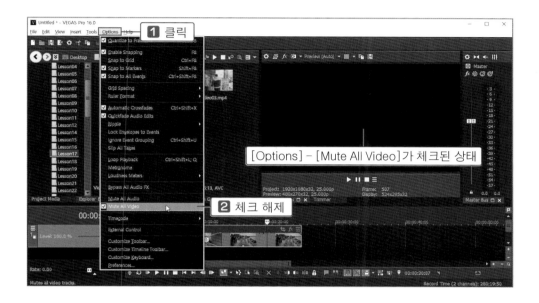

■ Video FX 효과가 전체 이벤트에 나타날 때

이벤트에 [Video FX] 효과를 적용하지 않았는데 프로젝트에 있는 모든 이벤트에 효과가 나타
나는 경우가 있습니다.

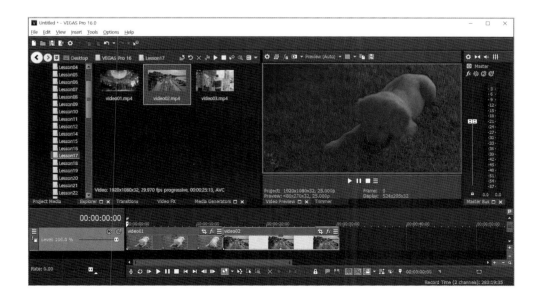

이런 경우는 미리 보기 창 상단의 Video Output FX(fₐ)에 효과가 적용되어 있기 때문입니다. 이때는 미리 보기 창의 Video Output FX(fₐ) 아이콘을 클릭하고 적용되어 있는 효과를 선택하여 Remove Selected Plug-In(fₓ)을 눌러 삭제해주면 해결됩니다.

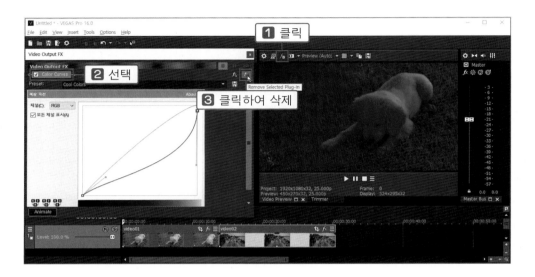

■ 렌더링이 전체가 되지 않고 짧게 되고 끝나버릴 때

전체를 렌더링하고 싶은데 짧은 구간만 렌더링되는 것은 일부 구간만 설정해서 렌더링을 실행했기 때문입니다. 이럴 때에는 [Render Options]를 클릭해서 [Render loop region only]를 체크 해제해준 후 렌더링하거나 또는 타임 라인 위쪽을 더블 클릭해서 전체를 선택하고 렌더링을 진행하면 됩니다.

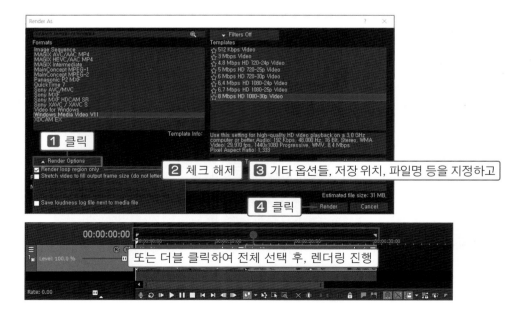

❷ 편집에 유용한 사이트

■ 저작권 문제없는 무료 영상/무료 이미지 사이트

무료 영상 다운로드 하기

• 사이트 주소 : https://videos.pexels.com

저작권에 문제없는 영상 파일을 무료로 다운받을 수 있는 사이트로, 검색은 영어로만 가능합니다. 영상에 'CC0 License'가 있는 것은 상업적으로 사용해도 무방한 영상입니다. 원하는 영상을 검색하고 무료인지 확인하고 [Free Download]를 클릭하여 다운로드합니다.

선택한 영상의 아래에는 비슷한 분류의 영상이 소개되고, 이 또한 무료로 다운이 가능한 영상들입니다. 오른쪽에 [Sponsored Videos]로 분류되는 영상은 퀄리티가 높지만 유료로 사용이 가능한 영상들입니다.

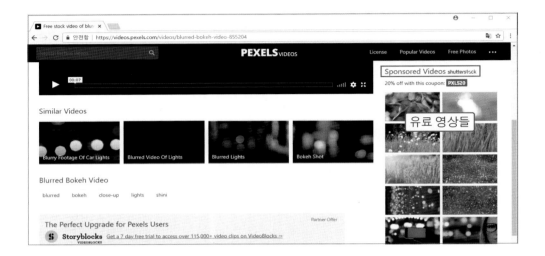

무료 이미지 다운로드 하기

● 사이트 주소 : https://www.pexels.com

영상 주소였던 https://videos.pexels.com에서 'videos'를 'www'로 변경하여 입력하면 이미지를 무료로 다운받을 수 있는 사이트가 나타나며, 이미지 검색도 영어로만 가능합니다.

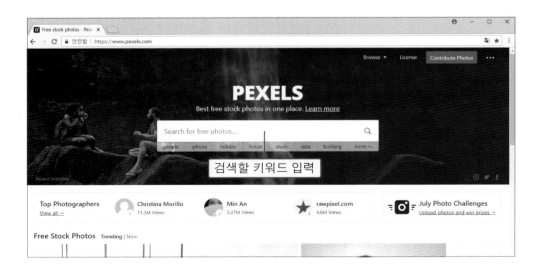

이미지를 다운로드 하는 것은 영상에서와 동일합니다. 원하는 이미지를 검색한 후, 오른쪽에 'CC0 License'가 표시되어 저작권에 문제없는 이미지인지를 확인하고 [Free Download]를 클릭하여 다운로드합니다.

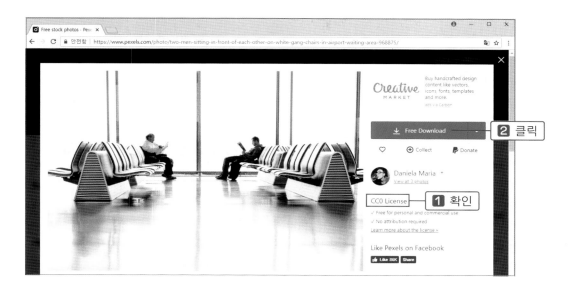

■ 저작권 문제없는 폰트 다운로드 사이트

폰트 사용도 저작권에 유의해야 하는데 상업적으로 이용해도 문제가 없는 폰트를 다운받아 사용해야 합니다.

보통 포털 검색 창에 '무료 폰트'로 검색해보면 관련 폰트들을 정리해둔 사이트들이 많이 나타납니다. 이런 사이트를 방문하여 폰트 사용에 대한 정보를 확인하고 사용해야 합니다.

참고용 예시 사이트 주소: https://sir.kr/bbs/board.php?bo_table=ds_tip&wr_id=497

누구나 따라하며 쉽게 배우는 **영상 편집**
베가스 프로 16

임새롬 지음   정가 / 21,000원

펴낸 곳 / 인투북스
펴낸 이 / 이 갑 재

전 화 / 070-8246-8759   팩 스 / 031-925-8751
홈페이지 / www.intobooks.co.kr

2018년 11월 8일   초판 인쇄
2018년 11월 14일   1판 1쇄 발행

ISBN 978-89-6906-013-3

내용 문의 : roa8613@naver.com